萌える！妖怪事典 伝承編　INDEX

●関西の妖怪
- 葛ノ葉狐 …………… 86
- 鞍馬天狗 …………… 90
- 清姫 ………………… 92
- 鬼童丸 ……………… 94
- 一本だたら ………… 96
- 片輪車 ……………… 98
- 酒呑童子 …………… 162
- 茨木童子 …………… 164
- 三上山の大百足 …… 166
- ガゴゼ ……………… 170
- 前鬼・後鬼 ………… 174
- 鵺 …………………… 176
- 玉藻前 ……………… 178

●中国・四国の妖怪
- 山彦 ………………… 102
- 隠神刑部狸 ………… 104
- 笑い女 ……………… 108
- 七尋女房 …………… 110
- 坊主狸 ……………… 112
- 温羅 ………………… 168
- 狒狒 ………………… 182
- 小刑部姫 …………… 184
- 山ン本五郎左衛門 … 186

●九州・沖縄の妖怪
- 龍造寺の化け猫 …… 116
- ヒダル神 …………… 120
- 石距 ………………… 122
- ケンムン …………… 124
- 竈の精 ……………… 126
- アカマター ………… 128
- 吉野の悪狐 ………… 188
- 九千坊河童 ………… 190

●甲信越・北陸の妖怪

- 蓑虫(みのむし)･････････62
- 朱の盤(しゅのばん)･････････64
- 鬼女紅葉(きじょもみじ)･････････66
- イジャロコロガシ･････････68
- 管狐&飯縄(くだぎつね&いづな)･････････70

●北海道・東北の妖怪

- キムナイヌ･････････20
- 三吉鬼(さんきちおに)･････････22
- 蝦蟇(がま)･････････24
- 灰坊主(あくぼうず)･････････28
- 羅刹鬼(らせつき)･････････30
- 化け蟹(ばけがに)･････････34
- 川熊(かわくま)･････････36
- 鮭の大助・小助(おおすけ・こすけ)･････････38
- 手長足長(てながあしなが)･････････180

●関東の妖怪

- 茂林寺の釜(もりんじのかま)･････････42
- オボ･････････44
- 夜道怪(やどうかい)･････････46
- 牛御前(うしごぜん)･････････48
- 足洗邸(あしあらいやしき)･････････50
- 安宅丸(あたけまる)･････････52
- イクチ･････････54
- 百目鬼(どうめき)･････････56
- 一つ目小僧(ひとつめこぞう)･････････58
- 累(かさね)･････････192

●東海の妖怪

- 鈴鹿御前(すずかごぜん)･････････74
- 一目連(いちもくれん)･････････76
- 覚(さとり)･････････78
- 見越し入道(みこしにゅうどう)･････････80
- 千疋狼(せんびきおおかみ)･････････82
- 大嶽丸(おおたけまる)･････････172

案内役のご紹介！

読者のみなさんを妖怪の世界に招待する、3人と7体の案内役をご紹介！

座敷童子ちゃん……だれ、このひとたち……？（ぶるぶる）

大丈夫だよ河童ちゃん、悪い人たちじゃないみたいだから……。
すみません、河童ちゃんはよい子なのですが、ちょっと引っ込み思案なんです。
それで、人探しにいらしたんですか？　この雨のなかご苦労様でした。

ご丁寧にありがとうございますですー。じつは「柳田國香」という私の先生が、
置き手紙を置いて失踪してしまったのです。「このへんで妖怪探しをしてるはずだ」ってヤクモ先生が教えてくれたので、探してるんですが……。

妖怪、ですか？　その柳田先生という方は妖怪におくわしいのですか？
かくいう私も妖怪ですけれど、いつも家の中にいるので河童ちゃん以外の妖怪に
会ったことがなくて……ぜひお話を聞いてみたいです。

座敷童子サン、もちろんクニカサンは妖怪の専門家なのですケド、じつはワタシ
も、妖怪のお話を書く"妖怪作家"なのデス。
雨宿りのお礼に、日本全国の妖怪のお話、語らせてイタダキマスね！

> せっかく日本に生まれたのに、
> 妖怪のことをほとんど知らないなんて
> もったいないのデス！
> 座敷童子ちゃんと河童ちゃん以外に
> どんな妖怪がいるのか、
> どんなおもしろいお話が残っているのか、
> た〜っぷり語って聞かせてあげマスね！

小泉ヤクモ
（こいずみ）

ギリシャ生まれのイギリス人で、元新聞記者。日本と妖怪があまりに好きすぎて、日本に帰化してしまった。日本では妖怪たちを生徒にした「もののけ中学」で教鞭をとるかたわら、妖怪をテーマにした執筆活動に精を出している。

「座敷童子ちゃん、妖怪のお話が聞けるの……？楽しみだね？」

「うん、楽しみだね。おうちの人に迷惑をかけずに外のお話を聞けるなんて、ヤクモ先生に感謝しなければなりませんね。」

座敷童子&河童

座敷童子は、岩手県遠野地方のとある家に住み着いている妖怪の女の子。自分が家を離れると家が没落して不幸になってしまうので、家から一歩も出たことがない。河童は座敷童子のたったひとりの友達だが、極端な人見知りで座敷童子以外とはまともに会話することができない。

「柳田先生、どこにいったんですか〜!?
いるならいる、いないならいないと
返事してくださ〜い!!
しゅせきけんきゅーいんの私を
放り出していなくなるなんて、
教授失格ですよ〜!!」

管狐

妖怪学者「柳田國香」の使い魔にして自称「柳田ゼミの首席研究員」。普段は柳田の持っている竹筒のなかに住んでいる。だが柳田が管狐の竹筒を置いたままどこかに失踪してしまったため、柳田を探すためにヤクモに同行している。

３つの旅の行方はいかに？

「さがさないでください　國香」

シンプルかつはた迷惑な書き置きを残してゆくえをくらました妖怪博士、柳田國香に対し、旧知の友人と従者の反応はふたつに分かれました。

小泉ヤクモは「クニカサンなら妖怪のいる場所にいるはず」と、柳田の使い魔の管狐を連れて東日本の妖怪の名所に足を運びます。

井上円は「柳田の思いつき行動にいちいちつきあっていられない」と、本来の予定どおりに、全国の「アヤシイ」妖怪伝承の正体を研究するフィールドワークに出発しました。

３つに分かれた小泉、柳田、井上の３人は、これからどのような事件に出会うことになるのでしょうか？

うーん、なんだか調子が出ないわね～。
あちこちで集めた民話は
もうまとめ終わっちゃったし、
論文のほうもあらかた書き終わっちゃったし、
これはそろそろ新しい情報を
インプットしないとだめかしら……。
よ～し、決めたわー。しばらく日本を回って、
新しい妖怪伝承を集めましょ！
クダ～、出かけるわよ～♪
……あれ、そういえばヤクモのところに
お出かけ中だったっけ。しばらくお休みってことで。
さらさらさらっと、書き置きも残したし出発ね！
善は急げ、妖怪伝承は鮮度が命よ、
待ってなさ～い♪

柳田國香（やなぎたくにか）

ヤクモの古い友人。日本に伝わる妖怪の伝承を研究している民族学博士で、「妖怪研究家」を自称している。学者としては有能だが、整理整頓が苦手で、生活の大半を使い魔の管狐に介護されている。本書では「妖怪の里"遠野"」の案内役を担当。

クニカさんは思いつきで行動するのが困りどころデース。まあタブン、妖怪がいるところを巡っていればそのうちぶつかりマスね！

クダ、そんなに慌てる必要はなかろう。
柳田のことだ、どうせネタ切れかなにかで、
新しい研究の題材を探しにいったに決まっている。
やつの気まぐれに振り回されるほど無駄なこともない。
こちらはこちらで、予定されていたフィールドワークに行くとしよう。
なに、私が戻るころには柳田も帰っているだろうさ。

井上円(いのうえまどか)

科学を信奉し、迷信を撲滅するための研究を行っている哲学博士で、柳田、ヤクモとは旧知の仲。目の前にいる妖怪たちはみなコスプレのたぐいだと思っている。本書では「妖怪ってなんだ？」「妖怪退治の英雄たち」の案内役を担当。

> マドカ先生ってば、いつまでたってもこの耳や尻尾がホンモノだって信じてくれないんですよ？ そろそろ「妖怪は実在する」って受け入れてくれないかな〜。

ふむ？ マドカは山を巡るのか？
クダのほうも気にはなるが、ヤクモがついておるし問題はないすじゃ。山に行くならこの天狗の娘、秋葉が案内役を務めてやろう。
マドカよ、感謝するがいいぞ。

秋葉(あきは)

東海地方からやってきた、意地っ張りで寂しがりやな天狗の女の子。本書では後半のコラムの案内役を担当。

> 秋葉はちょっとツンツンしてるケド、それは秋葉が誇り高い天狗の一族だからデス！ とっても優しくて気配りやさんなので、仲よくしてあげてクダサイ！

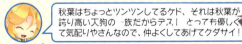
俺たちもマドカ先生とお出かけするぜ〜！

カマ夫&たーちー&マイマイ

イタズラ大好きなカマイタチ三兄弟。本書ではマドカ先生の生徒として「妖怪ってなんだ？」のアシスタントを担当。

> いつもイタズラばっかり考えてる、困った悪ガキたちデス！ この子たちを更正させるのが、ワタクシの目標のひとつデスね！

はじめに

　日本人の永遠の隣人、妖怪の世界へようこそ！

　日本の妖怪は、我々日本人が、日々の生活のなかで感じた恐怖、疑問、願望などが凝り固まって誕生した、日本人の心を映す鏡のような存在です。20世紀末から盛んになりつつある日本文化の見直しで、妖怪は子供の昔話だけでなく、さまざまな場面に登場する人気者の地位を取り戻しました。

　この本では、妖怪そのものに加えて、妖怪たちの魅力を現在に伝えている「妖怪伝承」に注目。恐ろしい妖怪、滑稽な妖怪が生き生きと活躍する妖怪伝承の魅力をたっぷりと紹介します。

　また、「萌える！事典シリーズ」の目玉であるイラストは、妖怪を女の子として描いています。妖怪の外見は、妖怪伝承で説明されている内容をもとにデザインしたものです。おなじみの妖怪の新たな魅力を見つけてください！

　この一冊で、あなたは無限の広がりを持つ妖怪伝承の入り口をのぞき込むことができます。妖怪伝承の世界に飛び込む助けになれば幸いです。

データ欄の見かた

妖怪の名前

妖怪データ欄　妖怪の特徴を説明する各種データです。

主な伝承地：妖怪の伝承が伝わっている地方です。
出典：特定の資料で作られた妖怪、登場した資料が明確な妖怪について、その資料名を表示します。
主な別名：地方ごと、時代ごとの別の呼び名です。
類似の妖怪：性質が非常によく似た妖怪の名前を表示します。

凡例と注意点

凡例
　本文内で特殊なカッコが使われている場合、以下のような意味を持ちます。
・「　」……原典となっている資料の名前
・〈　〉……原典を解説している資料の名前

妖怪などの固有名詞について
　本書で使用される妖怪の固有名詞は、おもに妖怪研究家「村上健司」の著書〈妖怪事典〉（毎日新聞社刊）に掲載された名前を使用しています。

教えてマドカ先生!
妖怪って何?

諸君、はじめまして、
私は妖怪や迷信について研究している、井上円という者だ。
ヤクモのやつは遠野へ向かったようだが、
どうせ柳田のことだから、しばらくすれば腹が減ったか
路銀が尽きたかで戻ってくるに決まっている。
我々は我々のするべきことをしようじゃないか。
さて、妖怪の伝説について知りたいのなら、
そもそも「妖怪」とはいかなるものなのかを
知っていたほうが、物語への理解が深まり、
より楽しむことができるだろう。
妖怪伝承を知るために必要な知識を
簡単にまとめたので、
ぜひとも読んでいってくれたまえ。

はじめにチェック！
「妖怪」って何者だ？

哲学博士の井上円だ。自分は、世界は科学で動いており、妖怪などという迷信は実在しないことを証明するために研究を行っている。
諸君が妖怪の伝承を知る前に、まずは「妖怪」そのものについて知っておく必要があるだろう。民衆が古くから語り継いできた「妖怪」の定義や特徴を簡単にまとめてきたぞ。さあ、さっそく授業を始めるとしようか。

妖怪とは？
"怪現象を起こす、意志ある存在"のこと

妖怪とは、日本の伝承に登場する、不思議な力を持つ化け物です。
「妖怪」と「それ以外の存在」を分ける基準は非常にあいまいなものですが、この本では学習院大学名誉教授の諏訪春雄文学博士の説をとり、妖怪を右のような存在だと定義します。

諏訪春雄博士による「妖怪の定義」
- 人格があること
- 信仰の対象にされていないこと
- 正体が死んだ人間である場合、人間と違う外見になっていること

「妖怪」という言葉はいつできた？

「妖怪」という言葉の登場は、2000年前の中国の歴史書『漢書』までさかのぼる。日本ではさらに800年後、歴史書『日本書紀』で初めて使われたそうじゃ。
だがこのころの「妖怪」は、「不思議な現象」全般を指す単語だったと聞く。右のページに書かれている「広義の妖怪」じゃな。「妖怪」が今のような意味になったのは明治時代になってからで、それまでは我ら妖怪は「あやかし」「物の怪」「化生」などと呼ばれておった。

一発判定！ "妖怪"と"それ以外"判別チャート

妖怪の定義については左で説明したとおりだが、どれが妖怪でどれが妖怪じゃないかを区別するのはなかなか難しいことだろう。そこでこれだ。この表の「START」から順番に Yes か No かの質問に答えれば、君が出会ったものが何なのかを判定できるすぐれものだぞ！

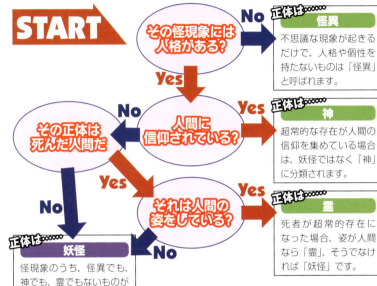

「妖怪」にはふたつの意味がある

「妖怪」といえば、意志を持って活動する怪物です。しかし「妖怪」という単語には別の使い方もあります。意志の有無に関係なく、不思議な現象全般を「妖怪」と呼ぶこともあるのです。右図は、一般的な「妖怪」と、「広義の妖怪」の違いを示したものです。

この本で紹介している妖怪のほとんどは「狭義の妖怪」ですが、一部「広義の妖怪」も紹介しています。

「狭義の妖怪」と「広義の妖怪」

広義の妖怪

狭義の妖怪
・化け狐
・河童
・天狗

・なまはげ
なまはげは信仰の対象でもあるので「狭義の妖怪」ではない

・幽霊
幽霊は死んだ人間が元の姿であらわれるので「狭義の妖怪」ではない

妖怪伝承が生まれた5つの理由

さて、生徒諸君、ここで問題だ。
日本にはいったい、どのくらいの種類の妖怪がいると思う？
答えは、極力少なく見積もっても「500種類以上」だ。
全国に残る妖怪伝承の種類にいたっては5000話を優に超えるという。

ご、ごせんわ～!?

妖怪の種類が500より多い、っていうのもびっくりだわ。
ねえマドカ先生、なんでそんなにたくさん妖怪がいるんですか？

うむ、もっともな質問だ。
結論から言うと、妖怪というものはすべて、人間にとって彼らが必要だから作られたのだ。なぜ人間が妖怪を必要としたのか説明しよう。

妖怪伝承は"人間"が作るもの

妖怪という存在は、人間がいなければ成り立ちません。なぜなら妖怪は、実際にこの日本という国に実在するものではなく、人間の想像力によって作り出された、架空の存在、空想上の存在だからです。

そのためすべての妖怪は、人間に生み出されたものです。そのなかには大きく分けて、「人間が意図的に作った妖怪」と、「意図せずに自然に生み出された妖怪」の2種類があります。

意図的に作った妖怪
特定の目的を果たすために、実在しないと知りつつ作ったもの

自然に生み出された妖怪
なんらかの理由で、実在すると勘違いして作られたもの

その「人間が妖怪を作る」ってのがよくわっかんねーよなー。
だって、妖怪のなかには、オレみたいに人間に怪我させるやつも多いだろ。
なんでわざわざアブない怪物を作ったりするんだ？

うむ、もっともな質問だ。
結論から言うと、意図的に作った妖怪も自然に生まれた妖怪も、人間にとって彼らが必要だから作られたのだ。なぜ人間が妖怪を必要としたのか説明しよう。

人間はどんな理由で妖怪伝承を作るのか？

理由① 恐怖からの逃避

人間は説明できない不思議な現象に恐怖を感じる生き物です。その恐怖から逃れるため、現象を「妖怪のしわざ」とすることで精神を安定させます。

理由② 神の衰退

もともと神として信仰されていたものが、人間に信仰されなくなると、人々は民話伝承のなかで神を「妖怪」に変えて語り継ぐようになります。

理由③ 子供のしつけ

大人は、子供を危険なところから遠ざけたり、危険な行動をさせないために、子供たちに「○○すると妖怪に襲われる」と教えることがあります。

理由④ 事件の脚色

実際にあった戦争や事件などをわかりやすく脚色するため、または政治的な理由などで、実際には人間だったものが妖怪だと語られることがあります。

理由⑤ 文学芸術の創作

特定の事件や伝承をもとにしていない完全オリジナルの妖怪が、画家や文筆家の想像で生み出され、それが実在の妖怪と信じられて定着したものです。

おおざっぱに分けてこの5種類だな！

人間ってすげーなー。ちょっと都合の悪いことがあると、なんでも妖怪にしちまうんだな。

うむ、人間の恐れ、ねたみ、憎しみなど、行き場のないものに人の形を与えたのが妖怪だとも言えるだろうな。妖怪の話を聞くときは、なぜその妖怪が生み出されたのかについても考えると、お話をより楽しめるはずだ。

妖怪の伝承を聞く前に これだけは知っておこう！

さて、妖怪のことを知りたいのなら、妖怪の基本知識だけでなく「妖怪の種類」や「妖怪が出てくる文献」について、あらかじめ知っておくことを勧めよう。前提となる知識を身につけておけば、妖怪伝承をより深く知ることができるからな。

はじめにcheck! 日本にいる妖怪をcheck!

妖怪というのは人間たちが必要にせまられて勝手に創作したものだから、明確な分類などは存在しない。有名な妖怪や、妖怪のジャンルについてざっとまとめたのがこの4つだな。

動物妖怪

　動物妖怪とは、不思議な現象を引き起こす力を身につけたとされる実在の動物たちです。狐や狸などの動物は、長く生きると特別な力を身につけると信じられていました。

器物の妖怪

　包丁やお椀などの道具が妖怪化したものです。「付喪神」と呼ぶこともあります。民衆の伝承だけでなく、画家に創作された妖怪が多いのが特徴です。

正体不明の妖怪

　動物妖怪や器物の妖怪は、妖怪になる前の素性がはっきりしていますが、日本には「なぜ生まれたのか」がわからない、正体不明の妖怪も多数存在します。

日本三大妖怪

　無数に存在する妖怪のなかで特に有名なのが、川に住む「河童」、山に住む「天狗」と「鬼」です。この3種の妖怪を総称して「日本三大妖怪」と呼ぶこともあります。

はじめにcheck! 妖怪を紹介した文献を check!

妖怪のことを話していると、どうしても「その妖怪を紹介している文献」の名前があがることになる。特に頻繁に名前が出てくる文献については、あらかじめどんなものか知っておいたほうがいい。代表的なものを4つほどあげておこう。

奈良時代
『古事記』/『日本書紀』
日本最古の神話集 & 歴史書

日本最古の歴史書です。どちらも神話時代から始まる天皇家の歴史を記した内容であるため、天皇の住む御所を中心に、都を騒がせた妖怪の記録が多数残されています。また、前半の神話的部分には、妖怪伝説の原型になったと思われる話が収録されています。

奈良時代
『風土記』
日本各地の地理と伝承の解説書

日本全国の土地の特徴や地元の伝説などをまとめた資料集です。『出雲国風土記』のように、頭に地名をつけた形で各地方ごとにまとめられています。

政治のために必要な、人口、地理などのデータに混じって、地元で信じられている妖怪伝承が報告されています。

平安時代
『今昔物語集』
全国の民話伝説を集めた物語集

平安時代末期の1120年ごろに編集された文献で、それまでの多くの文献に分散して紹介されていた民話や伝説を、1冊の本にまとめた物語集です。

全31巻のうち27巻目には「怪異伝承」の物語がまとめられ、多くの妖怪たちが登場しています。

江戸時代
『画図百鬼夜行』ほか
伝統と創作の入り交じる妖怪画集

江戸時代の妖怪画家、鳥山石燕は、多くの妖怪画を版画本として出版した人物です。第1弾の『画図百鬼夜行』を皮切りに4作品を製作しました。

この本が江戸の庶民に広まったことで、妖怪の外見が世間に広まり、絵画における妖怪の基礎になりました。

妖怪の種類4つに本が5冊かぁ……。
ねえマドカ先生、これを全部おぼえないとダメなのですか？

む？ いや、覚えられればすばらしいが、そこまでせずともよい。これからの説明で本や妖怪の名前が出てきたときに「ああ、そんな本もあったな」と思い出してもらえれば十分だ。これにて授業を終了とする。それでは本編を始めよう。

萌える！妖怪事典-伝承編- 目次

案内役のご紹介！……6
はじめに……10
教えてマドカ先生！ 妖怪って何？……11

北海道・東北の妖怪……19
関東の妖怪……41
甲信越・北陸の妖怪……61
東海の妖怪……73
関西の妖怪……85
中国・四国の妖怪……101
九州・沖縄の妖怪……115

全国妖怪小事典……131

ようこそ！"妖怪の里"遠野へ！……141
"妖怪の里"遠野を探検しよう！……144
妖怪都市MAP"京都"……156
妖怪都市MAP"江戸"……158

妖怪退治の英雄たち……161

Column

マドカの妖怪種族紹介　①「鬼」……33
　　　　　　　　　　　②「河童」……40
　　　　　　　　　　　③「天狗」……100
　　　　　　　　　　　④「狸と狐」……105

秋葉の妖怪まめちしき　①伝承なき妖怪……114
　　　　　　　　　　　②妖怪は現在でも生まれている……130
　　　　　　　　　　　③妖怪退治のテクニック……194

北海道・東北の妖怪
北海道・青森・秋田・岩手・宮城・山形・福島

倉ぼっこ

illustrated by とんぷう

最初に紹介するのは、北海道と東北に住んでいる妖怪のお話デス。東北地方は山がたくさんあって、雪がたくさん降る地方デスから、妖怪のメンバーもほかの地方とはちょっと違った感じになってマスネ、オリジナリティがあふれマス！

私と河童ちゃんが住んでいる「遠野地方」は、この東北地方の岩手県というところにあるのですよね。わたしたちのほかにどんな妖怪のお話が聞けるのか楽しみです、ヤクモ先生、さっそくですがよろしくお願いいたします。

北海道・東北の妖怪

"頭"のことは言っちゃダメ！
キムナイヌ

主な伝承地：北海道（アイヌ）　主な別名：ロンコロオヤシ、オケン　類似の妖怪：山男

意外とやさしい？　山に住む人

　北海道を中心に居住する先住民族で、今もその文化を継承し続けている"アイヌ"。彼らアイヌが伝える神話伝承のひとつに登場する妖怪がキムナイヌだ。

　キムナイヌとは「山の人」という意味で、その名のとおり山に住む。伝承によって特徴に差があるが、多くは怪力の大男でタバコを好むほか、ハゲ頭であることが多く、そのためこの妖怪をロンコロオヤシ（ハゲ頭を持つお化け）、オケン（つるっぱげ）などと呼ぶ伝承もある。キムンセタという名前の山犬を連れていることもある。キムナイヌは"血"を恐れるともいわれ、アイヌのあいだでは血を怖がる人間を、キムナイヌのようだと言ってからかうこともあったという。

　妖怪は人間に悪さを働くものが多いが、キムナイヌは人間を手伝うこともあるという。山の中で重い荷物を運んでいるときなどに「守り神さんたち、手伝っておくれ」と言うと、キムナイヌがあらわれて荷物を軽くしてくれるのだという。

　一説では、この妖怪の正体は「山の神が零落した姿」だとされる。妖怪が誕生した経緯のひとつに「それまで崇められていた民間信仰神が、仏教などのほかの宗教が流入するなどして信仰が廃れた結果、妖怪となった」というものがあり、キムナイヌもそのようにして、妖怪になったというのである。

恐ろしいキムナイヌ

　役に立つことがある一方で、人間を殺してしまうような恐ろしいキムナイヌの話も多くあり、いつでも人間に友好的というわけではない。

　キムナイヌはハゲ頭を気にしており、荷物を軽くしてもらうときにうっかりハゲ頭のことを口にすると、激怒して山を荒らしてしまう。さらには急に雨が降り出したり、どこからともなく木片が飛んできたり、大木が倒れたりと不可思議なことまで起こす。もしこうなってしまったら、「山のお父さん、お前さんの上に、木が倒れていくよ」と言えば、キムナイヌは退散するという。

　ほかにも、キムナイヌはタバコ好きのため、山でタバコを吸うとあらわれるという。タバコの葉を少しつまんで「山の神さんにあげます」と言えば害を受けることはないが、あげないとどこまでも追ってきて殺すという、血生ぐさい伝承もある。

このキムナイヌっていう妖怪、本土の「山男」に似てませんか？　柳田先生がよく研究してる妖怪なんですけど、人間のお手伝いをしたり、タバコをもらって喜んで吸ったり、すごいそっくりですよ。

飲み代のツケは身体で返す
三吉鬼(さんきちおに)
主な伝承地：秋田県　主な別名：三吉様

酒代がわりにお手伝い

　三吉鬼は、東北地方の北西部にある秋田県に伝わる妖怪だ。鬼というと人間の敵対者として勇者に退治されることが多いが、この三吉鬼は条件さえあえば人間の手伝いをしてくれるなど、人間と共存しているめずらしい鬼である。

　三吉鬼の外見についてはくわしい記述がなく、日本人が想像する一般的な鬼の姿をしているのか、それ以外の姿なのかもわからない。小柄な男の姿であらわれたという記述はあるが、三吉鬼には変身能力があるため、これが本来の姿かは不明だ。

　三吉鬼はとにかく酒好きな鬼で、酒屋で大酒を飲んでは代金を払わずに出て行ってしまう。その場で代金を要求すると祟(たた)りを起こすが、黙って行かせたところ、翌朝には酒代の10倍ほどの価値のある、大量の薪が戸口に積んであったという。そのうち三吉鬼に酒をお供えして、力仕事をしてくれるよう願掛けする者もあらわれた。一晩たってから見に行くと、どんなに重い物でも動かされていたという。

「三吉」は超人の代名詞

　三吉鬼の伝承の裏には、秋田県の地方信仰があると考えられている。三吉鬼のモチーフになったと考えられているのは「三吉様」という神を祀る信仰だ。三吉様を祀っている三吉神社の言い伝えによれば、この神は藤原三吉という秋田の豪族が城を追われ、その恨みから祟り神になったものだという。

　三吉様はかなり神経質な神のようで、秋田県内で三吉様のウワサをするとかならず祟り、秋田で日本一を名乗るとかならず倒しにやってくる。伝承によれば、ある相撲取りが日本一を自称していたところ、痩(や)せた男がこの相撲取りに挑戦し、負けてしまった。実はこの痩せた男の正体は三吉様であり、三吉様は負けたことを逆恨みして相撲取りを殺してしまったという。

　秋田県には、藤原三吉以外にも、三吉という名前の超人の伝承が複数ある。これは決して偶然ではない。そもそも秋田では、山に住む人を「山鬼(さんき)」と呼んでいた。やがて山鬼は「太平山(たいへいざん)」という山に住む者だけの呼び名に変わり、ついには「三吉大権現(ごんげん)」という神に変化した。つまり三吉という名前は「山鬼」から連なる特別なものであり、三吉という主人公が特別な活躍をするのは必然なのだ。

三吉サマが相撲取りサンに負けたのは、三吉サマが弱いからじゃあないデスよ？　この伝承では相撲に負けて怒った三吉サンが、素手で岩をたたき割ってマス。神様のメンツを潰すと怖いのデスね……。

乗ってよし吸ってよし食べてよし！
蝦蟇(がま)

主な伝承地：岩手県　出典：『耳袋』(江戸中期から後期)　著：根岸鎮衛　『抱朴子』(300年頃?)　著：葛洪
主な別名：大蝦蟇　類似の妖怪：ワクド憑き

何でも吸い込むカエルの舌

　蝦蟇とはヒキガエルの呼び名のひとつである。ヒキガエルのみならずカエル全般は、その気味の悪い外見と不思議な行動から、妖怪扱いされやすい動物だ。

　妖怪化した蝦蟇が持つとされる能力は、物体や精気の吸引、炎や毒をあやつる、巨大化、人間変身など多岐にわたる。ひとつずつ紹介していこう。

　カエルの妖怪は、さまざまなものを吸い込む力があると信じられていた。これは現

ニホンヒキガエルの頭部拡大写真。皮膚全体に特徴的なイボが見える。撮影者：Yasunori Koide

実のカエルが目にもとまらぬ速さで舌を伸ばし、遠くの獲物を食べることに由来したものだと思われる。ある伝承で人々が家に集まって話していたときのこと。お盆の上の餅がひとりでに庭のほうに飛んでいくので皆が不思議がっていると、主人が「庭に食べるやつがいるのです」という。見ると庭に大きな蝦蟇がうずくまっていて、その口の中に餅が飛び込んで行ったという。

　食べ物くらいなら害はないが、もちろんそのほかのものも吸い込むのである。伝承によれば、日に日に体調が悪化する主人に仕えている者が、縁の下にスズメが入ったきり出てこないことに気がついた。注意して見てみると、縁の下に近づいた猫やイタチが吸い込まれるように床下に入って、それきり出てこない。家人が床板をはがしてみると、床下のくぼみに大きな蝦蟇がひそんでおり、回りには毛やら骨やらが散乱していた。この蝦蟇を打ち殺したところ、病人の体調が回復したという。この蝦蟇は小動物だけでなく、主人の生気も吸っていたのだ。

　もし蝦蟇が厩(うまや)に住みつくと、馬は生気を吸われてたちまち骨となってしまうといわれた。それほどカエルの「吸い込む力」は恐れられていたのである。

吹き出すのは毒と炎

　現実の蝦蟇（ヒキガエル）は、耳の下から毒液を発射することができる。これが目に入ると目が潰れるとされたり、その毒性を逆用して「強心剤」として利用していた。この毒液には単なる毒を超えた不思議な力があるとされ、蝦蟇は箱の中に閉じ込めても、いつのまにか姿を消すという迷信があった。これらが芝居などで「忍者が蝦蟇の

忍術を使う」設定のモデルになったという。

　毒液だけでなく、火を吹く蝦蟇の話も伝わっている。岩手県に毎夜火柱が立つ場所があり、皆が気味悪がっていた。ある人が行ってみると確かに火柱が立っていたので、その中心に斬りつけると火柱は消えてしまった。翌日村人が皆で行ってみると、そこには大きな蝦蟇の死体が残されていたという。

巨大化能力と人間変身

　妖怪化した蝦蟇は、巨大に成長することがある。ある伝説では、男性が山中で大岩に腰かけて釣りをしていたら、仲間が突然「帰ろう」という合図を送って逃げて行った。追いついてどうしたのか尋ねると、男の座っていた岩が大あくびをして、その目が火のように赤く光ったので恐ろしかったからだ、と言う。後日その場所に行って見たのだが、そこには岩など何もなかった。この話は、おそらくその岩は大蝦蟇だったのだろう、というところで終わっている。京都の比叡山にも似たような伝承があり、岩に腰をおろして煙草を吸っていたら、その岩が実は大蝦蟇で、突然動き出したという。

　人間に化ける蝦蟇もいる。ある話では、若者が泊っている山小屋に美しい娘が訪ねて来て、泊めてくれと言う。しかし夜になると寝ている人の血を吸い始めたので、斧で打つとその女は消えてしまった。翌日血の跡をたどって行くと、巣の中で蝦蟇が死んでいたという。別の話では、カエル好きの俳句の先生のところに、美女に化けたカエルが毎夜あらわれ、最後にはとり殺した、というものもある。さらには、戦国時代の原因となった大戦争「応仁の乱」で総大将をつとめた細川勝本という大名の正体が蝦蟇だったという伝承まで語られていた。

　しかし変化カエルの妖怪は悪いものばかりではなく、人間と交渉する者もいる。ある屋敷で沼を埋めることになったのだが、夜になると上品な着物を着た老人があらわれ、自分はこの沼に住む蝦蟇であり、沼を埋めるのはやめてくれないか、と頼んできた。よく見ると着物の模様に見えたのは蝦蟇の背中の斑だったという。

中国のカエル伝承

　カエルの怪物は日本だけでなく世界中にあり、そのバリエーションも数多い。日本のカエル妖怪の祖となったのは、中国のヒキガエルに関する言い伝えである。中国の宗教「道教」の書『抱朴子』には、「ヒキガエルが1000年生きると頭に角が生え、腹には赤い固まりができる。これは肉芝といって、食べれば仙人になれる」と書いてある。さらにこの肉芝を利用すれば、雨や霧を起こしたり、体を縛られても抜け出せたりといろいろな術を身に付けられるという。この説はかなり長く信じられていたようで、後年の薬学書にも「ヒキガエルは山の精をよく食べるので、これを食べれば仙人になれる」と書かれていた。

「ジライヤ」って知ってマスか？　いろんな作品で見かける名前デスけど、これは江戸時代のお話の主人公で、蝦蟇に乗ったり変身するニンジャマスターなのデス。漢字では「児雷也」とか「自来也」と書きマスね〜。

illustrated by 誉

正体不明の灰に潜む妖怪

近代化した現代の家にはまず見られなくなったが、その昔、多くの日本の家屋には、調理、暖房、照明に使う"囲炉裏"があるのが普通だった。

東北地方の妖怪「灰坊主」は、生活に欠かせない囲炉裏の灰のなかに住むとされた妖怪である。名前の"坊主"は、子供や僧侶のことではなく"怪物""化物"を意味し、灰坊主とは言い換えるならば「灰に住む化物」というような意味になる。

この妖怪は、囲炉裏の灰を深く掘るとあらわれる。また地域によっては、風呂に2回入る、全裸でトイレに入る、お供え物のご飯を食べるなどの行動をすると灰坊主が出現するとも伝えられる。しかし不思議なことに、灰坊主がどのような外見をしているのかくわしく伝える物語はない。

妖怪研究家の村上健司などは、灰坊主は"教訓のために生まれた妖怪だろう"と推測する。生活に密着している囲炉裏は神聖なものと考えられ、その灰も大切に扱われた。そのため、特に子供が囲炉裏の灰にいたずらをしようとしたときなどは、大人が「灰坊主がでるぞ」と言っておどかしつけ、注意していたのだ（➡p15）。

"元寇"が妖怪を生んだ？

灰坊主と同じように「○○がくるぞ」と言って、悪さをする子供をおどかしつける文化は日本各地に存在する。九州地方では「蒙古高句麗、鬼が来る」と言う。この蒙古高句麗とは「鬼や恐ろしいもの」のたとえで、今から800年以上前、モンゴル帝国が高句麗軍とともに侵攻してきた"元寇"に由来する。当時の人々は、侵攻してきた軍隊を"蒙古高句麗"と言って恐れた。ここから蒙古高句麗は恐ろしいもの全般の例えとなり、さらに子供をおどかしつける言葉として使われるようになった。

なお、九州から遠く離れた東北地方などにも「モッコ（もーこ、ガゴなどとも）がくる」と言って子供をおどかす文化があった。このモッコは"妖怪"をあらわす方言の一種だが、モッコとは「蒙古」、すなわちモンゴルのこととする意見もある。

しかし、民俗学者の柳田國男は「その昔、妖怪は"咬もうぞ"と言って出現すると信じられており、それがモッコやモウコに転じた」と推測しており、また蒙古説は根拠が薄いという意見もあるため「モッコ＝蒙古」と安易に断定することはできない。

Monsterをしつけに使うのは日本だけじゃないのデース！　イギリスでは、怖い妖精が来ると言って子供をおどかしマス。こういうおどしに使われる妖精を「子供部屋のボーギー」と呼びマスね。灰坊主もボーギーデス！

岩に手形で"岩手"です
羅刹鬼
主な伝承地：岩手県　主な別名：羅刹天

今でも浮かぶ手形の秘密

　東北地方の太平洋側にある岩手県の"岩手"という名称、一説には「羅刹鬼」という鬼と「三ツ石様」という神様の伝承からつけられたそうだ。

　現在、岩手県の県庁所在地がある盛岡市には、その昔、羅刹鬼と呼ばれる恐ろしい鬼が住み着いていていたという。この羅刹鬼は、罪のない人から血を絞り取り、反抗する者は噛み殺すなど、悪行の限りを尽くしていた。

　羅刹鬼の横暴に耐え切れなくなった村人たちは、「三ツ石様」という巨大な3つの石に、羅刹を退治してくれるよう頼み込んだ。民の願いを聞き入れた三ツ石の神は、たちまち羅刹鬼を捕まえて石に縛り付けてしまう。すると羅刹鬼は、これまでの傍若無人ぶりが嘘のように涙を流して命乞いをしたという。

　そこで三ツ石の神は、羅刹鬼にこの地方に二度とやってこないことを約束させ、その証拠として、三ツ岩に羅刹鬼の手形を押させてから逃がしてやった。それ以来、この地域は「岩手」と呼ばれるようになったのだという。

　現在、盛岡市にはこの三ツ石を祀った「三ツ石神社」があり、境内には羅刹鬼が手形を残したという3つの大きな石がある。この石には、今でも、雨があがったときなどに羅刹鬼の手形が浮かび上がるといわれている。

ところで「羅刹」ってなに？

　"羅刹"という言葉自体は、サンスクリット語（インドの古典言語）にある「ラクシャーサ」の音を拾って当て字をするように漢字訳したものだ。このラクシャーサは、もともとヒンドゥー教の悪神だったものが、仏教に取り入れられる過程で、人の肉を食う恐ろしい怪物とされたものだという。こうして仏教に取り入れられた羅刹は、人肉食いの怪物というだけでなく、地獄で罪人を苦しめる「獄卒」という鬼たちのことも指すようになる。すなわち羅刹とは、固有の鬼を指す言葉ではなく、仏教における「鬼」全般の呼び名になったのである。

　おそらく岩手の羅刹鬼は、「羅刹鬼」という名前の鬼がいた、というわけではなく、かつてそこには「悪鬼（＝羅刹）」のごとき「何か」が住み着いており、里に住む村人たちを苦しめていたことを示しているのだと思われる。このように、敵対する何かを「鬼」などの異形の存在と呼んで相手を貶めていたところ、後世でその伝承がそのまま受け取られて妖怪となってしまった存在は数多く、例えば土蜘蛛（➡p156）や両面宿儺（➡p136）、酒呑童子（➡p162）などがその代表例と考えられている。

仏教における「鬼」とは

　一般的な日本人が想像する鬼といえば、右ページで紹介しているような「頭に角の生えた、奇妙な肌の色をしている、とても強い力を持つ異形の存在」であろう。しかし仏教における鬼は、それらとは若干異なる存在だ。

　彼らは生前に罪を犯した亡者が堕ちる「地獄」を管理し、同時に地獄にひしめく亡者を責め苛む獄卒である。牛の頭をした鬼「牛頭」と、馬の頭をした鬼「馬頭」がその代表であり、その姿と地獄の様子は『今昔物語集』『太平記』など、数多くの文献に登場している。

　また、仏教では人間界を含む6つの世界「六道」があると教えており、そのひとつ「餓鬼道」に堕ちた亡者は「餓鬼」という鬼になる。彼らはやせ細った身体に出っ張った"餓鬼腹"を持っているのが特徴で、生前の罪のために常に飢えており、食べ物や飲み物を手に取れば途端に火に変わってしまうため、決して満たされないという。

　餓鬼は、西日本各地に伝わる、人間を飢えさせて力を奪う妖怪「ヒダル神」（→p120）と関係が深い。餓鬼は日本に仏教が広まると同時に広く知られるようになったのだが、のちに"飢死した行き倒れの者の霊"も餓鬼と呼ばれるようになり、この霊が人間に取り憑き、ヒダル神のような怪異を引き起こすと考えられた。

　もともと中国では、「鬼」とは死者の霊魂を意味する言葉だった。また、中国を経由して日本に入った仏教でも、鬼には上のように「ひ弱な亡者」「恐ろしい獄卒」の両面があった。だが古い物語や民間伝承では鬼の「恐ろしい怪物」という側面が強調され、鬼といえば羅刹鬼のような強く恐ろしい怪物になったのだ。

仏教を守護する羅刹天

　仏教発祥の地であるインドにおいて、ヒンドゥー教の悪神ラクシャーサが仏教に取り入れられたあと、ラクシャーサは罪人を苦しめる獄卒になったと設定されていた。だが一方で、仏教の教えを守る善の神の一柱になったと考える宗派もあらわれた。この善の神を「十二天」といい、ラクシャーサはそこで「羅刹天」と呼ばれている。

　羅刹天は神王形という中国風の甲冑を纏い、人々の煩悩を焼き尽くすという。中国では羅刹の魔物としての側面が注目されたが、日本では善の神となった羅刹天も重視されたため、「羅刹」と「鬼」に大きな乖離が生まれる結果になっている。

日本における羅刹天が描かれている仏教画。蔵：京都国立博物館

岩手という名前の由来は、県内最高峰の「岩手山」だというお話もあるそうです。岩手山というのは、この山が噴火して火山岩を吐き出したという意味で、「岩が出る」→「岩出」→「岩手」だそうですね。

マドカの妖怪種族紹介① ［鬼］

さて諸君、フィールドワークに先立って、まずは準備の講義といこう。妖怪や迷信の痕跡を見つけても、その妖怪の特徴や、妖怪が生まれた背景を知っておかなければ、的確な分析ができないからな。すくなくとも代表的な妖怪の特徴については知っておいたほうがいいだろう。

はーいマドカ先生〜。でも講義講義でなかなか出発できないなぁ。それじゃ、どの妖怪を勉強すれば出発できますか〜？

ふむ……たしかに座学に片寄りすぎて実体験が薄いのも問題か。では、この国において広く信じられていた4種類の妖怪についてだけ講義するとしよう。最初は日本三大妖怪のひとつ「鬼」からだ。

鬼は「日本三大妖怪」のひとつであり、古今東西の伝承に登場する非常にメジャーな妖怪です。多くの伝承において、男性の鬼は

- **たくましい肉体、頭に角が生えている**
- **赤や青など、常人とは違う肌の色**
- **なんらかの神通力を持つ**

これらの特徴を持つ、人間より強力な存在として描かれます。

これに対して女性の鬼は、極端に美しいか、極端に醜い外見で描写されます。彼らは人間をさらって食べてしまう、非常に危険な存在です。

鬼は「目に見えない妖怪」だった

人間は、理解不可能な危険に直面したとき、本能的に、その現象を説明できる答えを求めます。野生動物などに食い殺された人の死体を目撃した人は、「姿を隠す、見えない怪物の仕業だ」と考えました。日本人はこれらの「姿を隠し、人を食う怪物」のことを「**鬼**」と呼んだのです。これは、中国語で霊魂を意味する「鬼」の訓読みが「おに」であり、これが姿を隠す「隠（おぬ）」に通じるからです。

時代が進むにつれて、見えない怪物だった「鬼」は、人間を食い殺す怪物を意味する、非常に有名な言葉に変わりました。朝廷の貴族たちは、野蛮な山賊たちや敵対する豪族、政治的ライバルを「鬼」だと罵るようになり、朝廷の軍隊が彼らを討伐した事実が「鬼退治伝説」に変わって現代に語り継がれているのです。

愛知県犬山市の桃太郎神社にある赤鬼の像。現代日本人がイメージする典型的な鬼の外見である。

なぞなぞ好きカニ？
化け蟹

主な伝承地：岩手県、山梨県、富山県　主な別名：蟹坊主、蟹の化け物

北海道・東北の妖怪

"舞台"出身の妖怪です

　妖怪になる動物の代表格といえば狸や狐だが、実は「蟹」も、妖怪化する動物のひとつである。蟹の妖怪変化は、化け蟹、大蟹、蟹の化け物、蟹坊主などと呼ばれ、東北地方から北陸地方、関東地方の西側にまで、幅広く伝えられている。

　妖怪研究家の村上健司によると、こうした化け蟹の伝承は『蟹山伏』という物語が元ネタになっているのだという。『蟹山伏』は日本の古典芸能である「狂言」の演目のひとつで、山中で修行する僧侶「山伏」とその従者が、蟹の妖怪に謎かけをされる、というものだ。この『蟹山伏』が上演されたことで、謎かけをする蟹の妖怪の伝承が各地で生まれたのではないか、というのが村上の主張である。

　舞台芸能から生まれた妖怪伝承には、鬼女紅葉（➡ p66）の伝説などもある。妖怪伝承が劇の脚本になるのではなく、劇の脚本が妖怪伝承を生むこともあるのだ。

お寺の住職と謎かけ勝負！

　化け蟹の登場する物語は、多くの場合「長年住職がいない寺があり、旅の僧侶がそこに泊まる。化け蟹はその僧侶に謎かけをするが、回答されたうえで退治され、正体を暴かれる」という大筋で伝わっている。それら多くの伝承のなかでも、山梨県の蟹沢山にある「長源寺」に伝わる物語はその典型例だ。

　その昔、長源寺には化け物が出るといわれていて、新しい住職も次々に逃げ出してしまい、長らく住職不在の寺となっていた。手入れをする者もなく、荒れ果ててしまった長源寺に、ある日旅の僧侶が訪れた。僧侶は化け物の噂を知りながら寺に宿泊したのだが、案の定その夜、僧侶の枕元に怪しげな僧侶があらわれる。

　枕元の怪しげな僧侶は、「四手八足両眼天を指すはいかんに？」と謎かけをしてきたが、僧侶はあわてず「それは蟹だ！」と叫び、用意していた仏具「独鈷杵」を怪しげな僧侶に突き刺した。翌朝、近くの洞窟で、腹に独鈷杵を刺された化け蟹が死んでいた。この化け蟹は、甲羅だけで約 3.6m 四方もある巨大なものだったという。

　長源寺には今でも、化け蟹が投げたという大きな石が残っている。また、現在では失われているが、かつては退治された化け蟹の甲羅も保管されていたとのことだ。ただしこの甲羅は 30cm 四方程度で、伝承よりは小さなものだったという。

「比叡山延暦寺」の"比叡山"みたいに、お寺には"山号"という別名がつきます。長源寺の山号は「富向山」だったけど、蟹伝説が有名になってから「蟹沢山（かいたくざん）」に変えたそうです。食べ放題っ!?

河童か熊か、姿を見せぬ謎多き妖怪
川熊（かわぐま）

主な伝承地：秋田県、長野県、岐阜県　　出典：『月乃出羽路』（1822年　著：菅江真澄）

日本版"未確認生物"か？

　妖怪というものは、多くの場合、ふつうの生物にはできないような超常的な能力を持っていたり、自然ではありえない姿をしている。だがここで紹介する川熊という妖怪は、特に異常な能力を持たず、姿についてもはっきりしない。川熊はれっきとした妖怪ではあるが、その特徴はむしろネッシーやツチノコのような未確認生物、UMAに近いと言えるかもしれない。

　川熊は「河熊」とも書き、その名のとおり川に住む妖怪である。この妖怪は川の中から手だけを水面に突き出してさまざまなイタズラをするため、全身の外見について描写している伝承がほとんど存在しない。いくつかある伝承によると、川熊の手は毛むくじゃらだったという。なお江戸時代後期には、愛知県の見世物小屋で、艶のあるねずみ色の毛におおわれた川熊の剥製が展示されていたという記録が残されているが、現代に残されている妖怪の遺物、例えば「人魚のミイラ」などは、ほぼすべてが作り物であるため、剥製が本物である可能性は限りなく低いだろう。

　川熊の伝承は、秋田県の雄物川、長野から新潟に流れる信濃川、岐阜県の中津川など広い地域に残っている。特に信濃川では、洪水が起きるのは川熊が堤防を崩してしまうからだと考えられていたらしい。

謎の生物との数少ない遭遇記録

　川熊の数少ない目撃例は、秋田の雄物川にふたつある。

　ひとつは、秋田の殿様から鉄砲を奪ったというものだ。時は江戸時代、ある殿様が雄物川に船を浮かべて猟を楽しんでいたところ、水中から毛むくじゃらの手が伸びてきて、殿様の鉄砲を奪い取ってしまった。あとになって水泳の得意な者が水中を探してみたところ、一丁の鉄砲が見つかった。江戸時代に秋田を治めた久保田藩では、これを「川熊の御筒」と呼んで家宝にしたという。

　もうひとつの伝承では、人間が川熊の手を奪うことに成功している。船頭が雄物川の岸に船をつないでいたところ、深夜にガバッと水音がして、何者かが船に両手をかけている。驚いてその手をナタで切り落として逃げ、翌朝船に戻ると、甲板の上にはそのまま手が残っていた。それは猫の前足のようだったという。

ねえ座敷童子ちゃん、川熊って、人間たちは手以外なにも見てないんだよね？ もし手だけ熊なんじゃなくて、ホンモノの熊が手だけ出しているんだったら……うわぁ、とんでもないことになっちゃいそうだよ。

鮭の大助・小助
登る姿見るべからず

主な伝承地：山形県、新潟県

川を登る鮭の大将

　新潟県および山形県をはじめとした東北地方には、鮭の大助と小助という少々変わった名前の妖怪魚が伝わっている。大助は馬ほどの大きさだという巨大な鮭で、1000匹の鮭を子分に持つ大将だ。一方、小助は大助の妻の鮭である。

　この夫婦は毎年かならず同じ日に同じ川をさかのぼるのだが、そのとき夫の大助は「この川を、鮭の大助と小助が、今から登るぞ」と、大声を出すという。この大声を聞いた者は、短ければ3日、長くても1年以内に何らかの災いで死んでしまうという。そのため川辺で漁業をいとなむ人々は、大助が川をさかのぼる日には絶対に漁に出ず、川にも近づかない。そのかわりに祭りを開いて酒を飲み、大助の声を打ち消すかのような大騒ぎをして過ごした。さらには大助の来る時間になると家に帰ってすぐ眠ったり、食べると不吉な声が聞こえなくなる魔術的な効果があるとされた餅「耳ふさぎ餅」を食べたり耳に詰めるなど、大助の声への対策を幾重にもして備えた。

　ちなみに、鮭の大助が川をのぼる理由は、鮭の産卵にあわせて小助に子供を生ませるためだとも、森の神様などの神々を参拝するためだともいわれている。

風習を破った長者の末路

　新潟県新潟市付近には、鮭の大助・小助のくわしい伝承が残されている。新潟市は信濃川と阿賀野川という新潟の二大河川が合流する場所であり、伝承によればここに大助と小助が住んでいた。この地では大助と小助が神のように恐れられており、彼らが川を上る11月15日には、漁を休み祭りを開くならわしだった。

　この周辺の豪族「王瀬長者」はそれを不愉快に思い、漁師たちに「11月15日は漁に出て、大助と小助を捕らえろ」と命じた。すると前日の14日、長者の枕元に男女の子供が立ち、鮭の夫婦は川を守護する守り神だから捕まえないでやってくれと懇願した。しかし、長者はそれを無視して、漁師たちとともに川へ網を入れたのだ。

　しかし網を引き上げても、大助どころか魚一匹かからないため、そのうち漁師たちは怖がって家に帰ってしまい、長者だけがその場に残った。するとその場に謎の老人があらわれ、長者にウナギを献上したのである。長者が持ち帰ったウナギを家族とともに食べたところ、食べた全員が死んでしまったという。

海から川にたくさん昇ってくる鮭は、神様がくれた恵みデシタ。鮭のことをアイヌではカムイチェプ（神様の魚）って呼んだり、漁のときは川と河口の神様に手の込んだ儀式をしてから鮭を捕ったそうデス。

illustrated by リリスラウダ

マドカの妖怪種族紹介② 「河童」

33ページの「鬼」に続いて、次に紹介するのも日本三大妖怪のひとつ「河童」だ。全国各地に類似の妖怪がおり、河童以外にさまざまな名前で呼ばれるのも特徴だな。
山がちな地形である日本にはとにかく川が多い。だから水辺で起きた怪現象はすべて「河童の仕業」となるわけだ。

まずは基本の「河童」から

河童は、関東地方を中心に全国の川に分布している、人間の子供サイズの妖怪です。緑色の肌を持ち、頭には常に濡れている「皿」という器官があり、皿が乾くと河童は力を発揮できなくなります。

好物はキュウリで、人間と相撲を取ったり、人間にイタズラをすることも好みます。また、凶暴な河童は人間の「肝」が好物だといいます。肛門がぽっかり開いた水死体が上がるのは、犠牲者が河童に肛門から肝を引き抜かれたり、「尻子玉」という器官を引き抜かれたせいだと信じられていました。

「河童」とは、「河童と同様、川に住む人型の妖怪」の総称

「河童」とは、川に住む妖怪の一種族にすぎません。全国の川には、河童と同じように、川の中に住み、人間に相撲勝負を挑んだり、人間の肝を引き抜いて食べる妖怪の伝承がたくさんあります。中国、四国地方の「**猿侯**」、北陸の「**川獺**」、九州の「**ガラッパ**」などが有名です。これらの妖怪は、河童と似ている部分はあるものの、外見や行動パターンなどに細かい違いが多く、名前も異なるため、河童とは別の妖怪だと考えられています。

ところが明治時代以降、民俗学という学問の一環で妖怪の研究が進むと、猿侯や川獺のような「川に住んでいる人型の妖怪」の持っている特徴や習性が、おおむね河童に似ているということで「河童の仲間」だとひとくくりにされてしまいました。つまり「河童」という言葉は、関東などに伝わる妖怪種族のひとつであるのと同時に、川の中に住む妖怪の総称でもあるという、ふたつの違った意味を持つようになってしまったのです。

河童ってデリケートな言葉なのねー。これからは河童っぽい妖怪に会ったら、お名前なんですか？ って聞くことにするわ。「河童さん」って声をかけて、「河童じゃなくてガラッパだ！」なんて怒られるのも嫌だしね？

関東の妖怪
茨城・栃木・群馬・埼玉・東京・千葉・神奈川

illustrated by とんぶう

袖引小僧

私と柳田先生の書斎は、関東地方の東京にあるんです。関東地方は徳川家康さんが江戸幕府をひらいてから、急に人が増えて発展した新しい地域……なんだそうです、先生によると。だから町中の妖怪や、歴史の浅い妖怪が多いんだそうですよ。

……ええっ、日本の都って京都じゃないの……？
しかも、天皇陛下まで東京に住んでいらっしゃるの？
……困ったなあ、座敷童子ちゃん、僕たちが知らないあいだに、日本ってずいぶん変わってたみたいだよ……。

幸せを与える不思議な茶釜
茂林寺の釜

主な伝承地：群馬県　出典：「甲子夜話」（江戸時代後期）　著：松浦静山　類似の妖怪：分福茶釜

関東の妖怪

みんな大好きぶんぶく茶釜

　人間を化かす動物として特に有名なのが狸と狐だ。彼らが人間を化かす話はしばしば昔話の題材になっている。なかでも変化の術に失敗した狸の物語「分福茶釜」は、日本でもっとも有名な狸の話といっても過言ではない。

　分福茶釜は、狸の恩返しの物語だ。狸を助けた男は金に困っていたため、狸は「自分が茶釜に化けるので、寺に売ればいい」と申し出る。茶釜は無事に寺の和尚に売れたが、そのあとがよくなかった。和尚が茶釜を火にかけると、狸はあまりの熱さに尻尾を出し、変化の術を解除できなくなってしまったのだ。狸は茶釜から狸の手足と尻尾が飛び出した奇妙な姿のまま、男のところに逃げ帰った。

　狸はその後も中途半端な変化を解けなかったが、その姿を活かし、見世物小屋で曲芸をはじめた。茶釜狸は人気者になり、男と一緒に幸せに暮らしたという。

狸が化けたのは僧侶でした

　この「分福茶釜」の物語には元ネタがある。群馬県南東部にある館林市の寺「茂林寺」に残る伝承「茂林寺の釜」がそれだ。茂林寺には今も「分福茶釜」が残されているが、茂林寺の伝承によれば、この茶釜は狸が変身したものではない。

　室町時代初期のころ、茂林寺に守鶴という僧侶がいた。守鶴はたいへん長生きで、何人もの住職に仕えていたという。この守鶴という僧侶、実は千数百年の歳を重ねた古狸が化けていたのだ。

　茂林寺の住職が7代目になったころ、茂林寺で1000人の僧侶が集まる「千人法会」というイベントが行われることになった。だが1000人もの僧侶にお茶を出すとなれば、大量の湯を沸かせる大きな釜が必要になる。もちろん茂林寺にそのような大釜があるわけもなく、僧侶たちは途方にくれていた。

　そこで立ち上がったのが狸の変化、守鶴和尚だ。守鶴がどこからか持ってきた釜は、どれだけ湯をくんでも次から次へと湯が沸き出し、尽きることがなかったという。守鶴はこの釜を、多くの人に福を分け与えるという意味で「分福茶釜」と呼んでいた。だがその後、守鶴は10代目の住職にうっかり正体を見せてしまい、皆に引きとめられつつも寺を去ったという。

ねえ座敷童子ちゃん、守鶴さんってすごいね。だって、1000年も人間と一緒に暮らしてたんでしょ？　座敷童子ちゃんとなら1万年だって一緒にいられるけど、人間と一緒なんて無理だよ〜。

帰るべき家を見失った迷い子
オボ

主な伝承地：群馬県、新潟県、福島県　出典：「絵本三国妖婦伝」(1804年　著：高井蘭山)
主な別名：ウブ　類似の妖怪：産女、山犬、ノツゴ

山道で足にまとわりつく妖怪

　群馬県の山中にあらわれるというオボは、山道を行く人間を妨害する妖怪で、赤ん坊のような鳴き声をあげたり、足元にまとわりつく性質がある。オボの姿は「イタチが化けたようなもの」という記述があるが、くわしくは描写されていない。ちなみにオボのせいでまともに歩けなくなったときは、刀を帯にぶらさげる紐や、着物のすそなどを少し切って与えると、オボは足にまとわりつかなくなる。

　オボという名前の妖怪はほかの地方にもいる。福島県のオボは、赤ん坊を人間に抱かせたあとにその人間を殺す「産女」という妖怪の亜種だ。彼女は子供を産めずに死んだ妊婦があの世で子供を産んで妖怪化したもので、通行人に子供を抱かせているうちに、自分は念仏を唱えて成仏してしまうという迷惑な妖怪だ。

　新潟県沖の佐渡島では、オボは"ウブ"と呼ばれている。ウブは幼くして死んだ子供の霊だといわれ、大きな蜘蛛の姿で赤ん坊のように泣き、人間を追って命を奪う。このとき、草履の片方を投げて「おまえの母はこれだ」と言えば逃れられるという。

草履や紐を欲しがる理由

　足にまとわりつく妖怪の伝承は全国に実例があるが、オボのように草履や紐でおとなしくなるものは少ない。妖怪研究家の村上健司は、草履や紐で満足する理由は、死んだ子供と関係がある、という説を提唱している。

　草履や紐と子供の死の関係は、村社会での子供の葬式習慣にみられる。医療技術が未熟だった過去の時代、子供はふとしたことで死んでしまう不安定な存在であった。そのため人々は、子供は半分この世の存在ではないと考えていた。

　幼くして死んだ子供の葬儀はごく簡単にすまされ、大人とは別の墓に入れられる。これは子供の霊を家の近くで休ませて、すぐにでも生まれ変わってくれることを願ったからだという。だが親が転生を望まない場合は、肉親のはいていた草履を、鼻緒など紐の部分をちぎってから墓の中に入れた。鼻緒をちぎった草履は履き物としての機能を失っているので、子供の霊は道に迷って家に帰れなくなるのだ。村上健司は、こうして家に帰れなくなった子供の霊が妖怪化したのがオボだと考えている。オボは、家に帰りたくて人の足にすがりつく、悲しい妖怪なのである。

あれ、ヤクモ先生、新潟にも「オボ」って妖怪がいたはずですよね。……（本をぱらぱら）そうそうこれこれ。特徴は「墓場を掘って死体の脳を食う」って、イタチのオボちゃんと全然違いますーっ!?

子供をさらう悪道妖怪 夜道怪（やどうかい）

主な伝承地：埼玉県　類似の妖怪：隠れ座頭

悪い子のところには夜道怪が来るよ

　埼玉県の西部には「宿かい」「ヤドウケ」とも呼ばれる、「夜道怪」という妖怪の伝承が残っている。その姿は白足袋に白装束という白ずくめの人型で、草履をはいて行灯を背負っている。夜道怪は家の買って口など裏手のほうから民家に侵入し、子供を連れ去ってしまうという。

　庶民の生活を研究してきた、民俗学者の柳田國男は、夜道怪という妖怪が生まれた由来は「高野聖」という集団にあると分析している。

　高野聖とは、日本仏教の聖地である和歌山県の高野山から諸国に旅立ち、各地で僧侶としての仕事をしたり、仏具を売って高野山への寄付金を集めていた修行者のことだ。高野聖たちは昼間はそれぞれの方法で働き、夕方になると村の道に立って「ヤドウカ（宿を貸してくれ）」と叫んだという。

　高野聖が妖怪にされた根拠はほかにもある。高野聖の多くは、宗教や文化芸能で人々を楽しませるなどで人々の役に立っていたのだが、真面目に修行する者だけでなく、なかには悪事を働く者もいた。また、高野聖になりすまして盗みなどの狼藉を働くニセ僧侶までいたのだ。そのため「高野聖に宿貸すな、娘取られて恥かくな」などという物騒なことわざもあったらしい。

　高野聖の活動は江戸時代ごろから制限された。その後、悪事を働いた高野聖の言い伝えが次第に変化し、子供をさらう妖怪になった、というのが柳田の説だ。

僧も恨めば化けて出る

　夜道怪の名前の由来には「ヤドウカ」の叫び声がもとになった説のほかに、「道可」という僧侶がはじめて高野聖という商売をはじめたからだという説がある。この道可には、同僚に殺された恨みで化けて出たという伝承がある。

　道可はケチで有名な僧侶で、旅をしながらかなりの金をためこんでいた。同行者の僧侶「快念」は金を目当てに道可を襲い、斬りあいのすえに道可の首を落としたが、快念自身も深い傷を受けており間もなく死んでしまった。次の日から、そこには道可の首が化けて出るようになった。道可は手足がないせいで快念にこき使われていると嘆いていたが、通りかかった僧侶の体を借りて快念の霊を倒したという。

埼玉県の西のほうでは、「悪い子は夜道怪にさらわれるよ」っておどかして、夜道怪を子供のしつけに使ってたそうですよ。しつけに使えるくらいたくさん「高野聖」さんが来てたんですかね？

お口のニオイ、OHモーレツ！
牛御前

主な伝承地：東京都　出典：『吾妻鏡』（鎌倉時代）『新編武蔵風土記稿』
（1830年　著：林述斎、間宮士信など）など　類似の妖怪：牛鬼

毒の息を吐く恐るべき妖怪

　雷門で有名な浅草の浅草寺は、かつて妖怪に襲撃されたことがあるという。浅草寺を襲った妖怪は「牛御前」という、牛のような姿をした妖怪だ。

　伝説によれば、牛御前は浅草寺に乱入すると、そこにいた僧侶たちに毒息を振りまいた。その毒で24人が昏倒、7人が即死した。牛御前はそのまま川を渡って逃げ、川の対岸にある牛御前社という神社に、牛玉という宝玉を残して消えたという。

　牛御前の正体についてはふたつの説がある。ひとつめの説では、牛御前の正体は平安時代の武士「源　頼光（➡p162）」の弟、または妹だという。『牛御前の本地』という物語によれば、牛御前は源頼光の弟で、丑年丑の日丑の刻（午前2時ごろ）に生まれたため「牛御前」と呼ばれた。だが生まれたときから牙が2本ある異形の外見で、性格も乱暴だったため関東に追放された。牛御前はのちに反乱を起こすが、兄の頼光に討伐されて敗北。最後の力で水に飛びこむと、巨大な牛に変化したと言われている。この牛御前を祀っているのが牛御前社、現在の牛嶋神社だ。

　ふたつめの説は、牛嶋神社が祀る神「スサノオ」の化身である。なぜ牛がスサノオの化身なのかというと、日本の神と仏教の神を同一存在だと定義する「神仏習合」により、スサノオは牛頭の仏「牛頭大王」と同一神格になったからだ。スサノオが浅草寺の僧侶を祟るため、牛頭の怪物を遣わしたという解釈である。

伝説は果たして史実か創作か

　牛御前の物語は、鎌倉時代初期に書かれた歴史書『吾妻鏡』にも記録されている由緒正しいものだ。だがその記述をくわしく見ていくと、現在知られている牛御前伝説にはかなりの脚色が加えられていることがわかる。『吾妻鏡』には、鎌倉時代初期の1251年、浅草寺に牛のようなものが乱入し、これを見た僧侶7名が即死、24名が病気になったとある。つまり牛御前が毒を吐いたとも、化け物の呼び名が「牛御前」だとも『吾妻鏡』には書かれていないのだ。

　牛御前が牛玉を残して去ったという記述も『吾妻鏡』ではなく、事件より500年以上もあとの江戸時代に編集された歴史書『新編武蔵風土記稿』に書かれたものだ。牛御前の伝説が『吾妻鏡』よりのちの時代に改変された可能性は否定できない。

牛嶋神社にある「撫牛（なでうし）」の象は、撫でた場所の病気が治るスグレモノデス！　え、ヤクモの左目デスカ？　Non、いつも左目Closeなのは、怪我でも病気でもないので心配ゴムヨーなのデスネ！

みんなできれいに洗ってね
足洗邸（あしあらいやしき）

主な伝承地：東京都　出典：本所七不思議（伝承）　類似の妖怪：化狸

大きな足は凶事の兆し

特定の地域で起こる複数の不思議な出来事を、まとめて「七不思議」と呼ぶことがある。七不思議は全国各地に存在するが、そのなかでもっとも有名なもののひとつが、東京の墨田区周辺に伝わる怪談話を集めた「本所七不思議」だ。本所とは昔の墨田区周辺の呼び名で、今でも同じ地名が残っている。

本所七不思議のひとつに、『足洗邸』という話がある。江戸時代、ある武士の屋敷では、夜中になると「足を洗え」という声ともに、バリバリと音をたて天井から巨大な毛深い足が下りてくる。足は泥や血で汚れており、洗ってやると消える。だがいい加減に洗うと、足は怒って家を壊しかねないほどに暴れ出すのだ。

江戸時代末期の浮世絵師、歌川国輝が描いた足洗邸。

この足の正体ははっきりしないが、よく似た話に、狸が巨大な足を出現させたものがある。その話は、ある武士が大ケガを負った狸を助けたところからはじまる。その狸が女に化けて武士の枕元にあらわれ、助けられたお礼として「召使いの女が家を乗っ取ろうとしている」と忠告するのだが、その忠告もむなしく、武士は家を乗っ取られ殺されてしまう。だがその後、狸は武士の息子に協力して仇討ちを成功させたという。以来この屋敷では、悪い兆しがあるときに、狸が大きな足を天井から降ろして「足を洗え」と叫ぶようになったのだという。

いくつあっても"七"不思議？

本所七不思議のように「○○七不思議」と呼ばれる物語郡は全国各地にあるが、実際には8つ以上の不思議があることも多い。これは本所以外の七不思議でも同様であり、地域の不思議話から7つを選んだ者が複数いるため、誰が選んだかによって7つの不思議のリストが違ってくるせいだ。例えば本所七不思議の場合は全部で9つの話がある。また長野県の諏訪大社の七不思議は、川の上流にある「上社」と下流の「下社」にそれぞれ7つの不思議があり、重複を取り除くと11種類になる。

東京都千代田区六番町にあった「御手洗主計（みたらいかずえ）」っていうお武家さんの屋敷にも、洗えって要求してくる巨大な足がいたらしいです……ぷっ、お手洗さんなのに足を洗わされるんですね！

illustrated by とんぷう

やる気がないなら乗せないよ
安宅丸（あたけまる）

主な伝承地：東京都　出典：『新著聞集』（1749年）　類似の妖怪：付喪神

巨大戦艦、妖怪と化す

　妖怪のなかには、物品に人格が芽生えたものが数多くいるが、ここで紹介する安宅丸はそういった「付喪神」（→p114）と呼ばれる妖怪のなかでも特に巨大なものだ。この妖怪は軍艦、つまり巨大な船である。戦国大名の北条氏直が建造した軍艦が、北条氏を下した豊臣秀吉の手に渡り、徳川家康に没収されるという激動の経緯をたどり、最終的に徳川幕府の所有物として江戸の港に係留されることになった。

　安宅丸は非常に強い自我を持っていたようだ。志の低い者や罪人が安宅丸に乗り込もうとすると、うなり声をあげて乗船を拒否したとされる。さらには望郷の念まで持ちあわせており、北条氏が安宅丸を建造した故郷である伊豆を思って「伊豆へ行こう」と泣くことすらあったという。

　江戸時代中期の物語集『新著聞集』に掲載された伝承によると、安宅丸は暴風雨の日に、故郷の伊豆にむかって勝手に航行しはじめたことがあるという。幕府の水軍が安宅丸を途中で捕らえ、その後は逃げられないように45本もの鎖で係留されることになってしまった。のちに安宅丸は解体されたが、強すぎる自我は安宅丸が船でなくなっても健在だった。解体された安宅丸の材料を買い取った男が、穴蔵の蓋にそれを使ったところ、安宅丸はそれを嫌がり、男の妻（話によっては召使い）に取り憑いて、蓋として使うことをやめさせた、などという話が残っている。

江戸幕府の巨大軍艦「安宅丸」

　安宅丸の伝説のモデルになった「安宅丸」は、実在した江戸幕府の軍艦だった。資料によれば全長約46m、幅16mという国内最大の船で、これは当時大航海時代に湧いていた海洋先進国ヨーロッパの軍船「ガレオン船」に匹敵する大きさだった。だがこの安宅丸は、幕府三代目将軍の徳川家光の代、1630年代に完成したため、北条氏が建造したという「妖怪船」安宅丸の経歴は、後世の創作ということになる。

徳川幕府が建造した安宅丸の絵図。船体の上に城壁のような板があるのが、日本の大型軍船の特徴だった。

安宅丸は江戸幕府最大の軍艦だったんですよね？　なんで正確な記録が残ってないのかなあ。江戸幕府の公式な歴史書の『徳川実記』ですら間違いだらけだって聞きますし。

イクチ

ひしゃくでヌルヌル鰻地獄

主な伝承地：茨城県　出典：『耳袋』（江戸中期から後期）　著：根岸鎮衛、『譚海』（1796年　著：津村淙庵）、『今昔百鬼拾遺』（1781年　著：鳥山石燕）　主な別名：イクジ、アヤカシ

重い油をぽたぽた垂らす

　イクチは、茨城県沖の海に住む、巨大な鰻に似た妖怪だ。その巨体は測りきれないほどの長さで、巨体がひとたび船の上を通り過ぎようとすれば、体が全部通り過ぎるまでに3時間前後はかかるという。九州には「イクジ」という名前で伝わっており、こちらは通り過ぎるまでに2～3日はかかる長さだという。

　イクチは全身からねばねばとした油を分泌する特徴があり、船の上を巨体がまたぐと、この油が船の上に落ちる。放置すると油の重みで船が沈むので、船員は油を船外にくみ出さなくてはならないが、それ以上の害はないとされている。

海の妖怪なんでもあやかし

　江戸時代の妖怪画家「鳥山石燕」は、妖怪画集『今昔百鬼拾遺』に「あやかし」という妖怪を描いている（右下図）。あやかしの解説文はイクチの特徴とまったく同じなので、石燕はイクチのことを「あやかし」という名前で描いたと思われる。

　とはいえ、石燕がイクチを「あやかし」と呼んだのは的外れなことではない。日本では、海上で起こる怪現象のことを、まとめて「あやかし」と呼んでいたようなのだ。例えば長崎県では、海上に浮かぶ謎の火の玉を「あやかし」と呼び、山口県や佐賀県では、船に水をくみ入れて沈めてしまう幽霊「船幽霊」をあやかしと呼んだ。

　千葉県のあやかしは、海の妖怪としてはめずらしく陸上にあらわれる。ある漁師が現在の千葉県に上陸し、井戸を探していると、女性が井戸水を汲んでいたので、彼はその水をもらって帰ってきた。ところが仲間の漁師いわく、彼が上陸したあたりにはそもそも井戸はないし、数年前にその近辺に出かけた漁師が行方不明になっているという。そう、井戸の近くにいた女の正体は妖怪あやかしだったのだ。ちょうどそのとき、さきほどの女が漁船にかじりつき、今にも襲いかかろうとしていた。漁師たちは船をこぐ艪で女を殴りつけて逃げ、なんとか助かったという。このあやかしは、浜辺にあらわれる女妖怪、磯女の一種だと考えられている。

鳥山石燕『今昔百鬼拾遺』に描かれたあやかし。解説の内容がイクチとまったく同じである。

東京の八丈島の伝承デスと、イクチは自分の長い体をリングみたいにしているから、イクチの体がいくら動いても、いつまでたっても通り過ぎてくれないそうデス。これぞホントの無限ループデスね！

その目なんの目？ 百目妖怪
百目鬼(どうめき)

主な伝承地：栃木県　出典：『今昔画図続百鬼』（1779年　著：鳥山石燕）
主な別名：百目鬼、百目貫、百目木　類似の妖怪：百目の鬼

無数の目を持つ危険な鬼

　目は口ほどに物を言う、ということわざにもあるとおり、目は人間の顔のなかでもっとも目立つ部位のひとつで、そのため「異常な目」を持つ妖怪の数も多い。

　栃木県の伝承に登場する妖怪「百目鬼」は、体中に無数の目を持つ鬼だ。身長3mほどの巨体で、刃のような毛を生やし、馬の死体をむさぼり食うという。妖怪退治で有名な武士「藤原秀郷(ふじわらのひでさと)（俵藤太(たわらのとうた)）」（→p166）がこれを退治することになり、得意の弓矢で鬼の胸を貫いたが、鬼の体から炎と毒気が吹き上がるため、とどめを刺そうにも近寄ることができなかった。そこに徳の高い僧侶がやってきて祈りを捧げると、炎と毒気がおさまり、全身の目は消え、外見も鬼から人間に変わって息絶えた。死体は僧侶の教えどおりそこに葬られた。以来その場所は百目鬼と呼ばれるようになり、今でも栃木県北西部の塩谷町に地名として残っている。

　ちなみにこの民話には異説もある。そちらでは、鬼は逃げ出して400年以上生き、徳の高い法師に説得されて、二度と悪さをしないと誓ったという。

目は口よりも物を盗る!?

　江戸時代には多くの「たくさん目のある妖怪」が生み出された。その代表格が、妖怪絵師"鳥山石燕"の「百々目鬼(どどめき)」である。絵の解説文によれば、百々目鬼はもともと人間の女性で、生まれつき手が長く、いつも人の金を盗んでいた。すると小銭の精が女の腕にとりつき、無数の鳥の目になったという。なぜ小銭の精が目になるのかというと、江戸時代の小銭には四角い穴が開いていて、この形を「鳥目」と呼んでいたからだという。

　鳥山石燕はこの妖怪の伝承が『函関外史(かんかんがいし)』という本に書いてあった」と解説に記しているが、『函関外史』という本が実在したという記録はない。そのため現在では、百々目鬼は鳥山石燕が創作した妖怪で、『函関外史』も鳥山石燕がでっちあげた架空の本だという見方が有力になっている。

鳥山石燕の妖怪画集『今昔画図続百鬼』より、百々目鬼。

百目鬼さんがいる栃木には「百目塚」っていう塚があって、銭を1枚お供えすると100倍になって帰ってくるんだって。……座敷童子ちゃん、おこづかい増やしてきてあげようか？

ひとつしかない目は神様の証？
一つ目小僧

主な伝承地：東京都、神奈川県　出典：『怪談老の杖』(1804年　著：平秩東作)、『百怪図巻』(1737年　著：佐脇嵩之) など　主な別名：目一つ小僧　類似の妖怪：豆腐小僧、一目入道、山の神

意外と知られていない有名な妖怪

一つ目小僧は、普通の人間ならばふたつある目玉が、ひとつしかないという妖怪だ。顔の真ん中に目がひとつ、というどことなく愛嬌のある外見が、江戸時代以降、コミカルなキャラクターとして妖怪ファンの人気を集めている。このように名前と外見は広く知られている一つ目小僧だが、この妖怪がどのような由来と能力を持っているかは、あまり知られていないところだろう。

一つ目小僧は、名前に「小僧」と付いているとおり、子供ぐらいの背丈で、寺で働く少年僧侶「小僧」の姿をしていることが多い。目の位置は、通常の人間の両目の中間にある者、額の真ん中に目がある者、頭のてっぺんに目がある者などもいる。また変わったところでは、目だけではなく足も1本しかない、一つ目一本足の小僧の伝承も残っている。

一つ目小僧の正体は、狐や狸が変身したものとする伝承が多いが、山の神が力を失ったなれの果てだという説もある。山よりはむしろ人里にもあらわれる一つ目小僧が、山の神の変化したものだと解釈されるわけは、「一つ目は山の神の証」という理由だそうだ。日本の山の神の多くは、神話のなかで片目を失ったり、もともと目をひとつしか持たずに生まれてくるものが多いのである（→p96）。

また、山の神の神事に関わる者や、神に捧げる生け贄を一般人と区別するために片目を潰す風習を持つ地域があったという説や、山の中で暮らすことが多い製鉄や鍛冶の技術者が、職業病として片目を失明してしまうことが多いことなども、これらの「山＝一つ目」のイメージに寄与している可能性がある。

路上に出現した一つ目小僧

人間が一つ目小僧に遭遇するのは、夜道などの路上であることが多い。

中国地方の岡山県には一口坂というところがあって、夜にそこを通ると、松の上から青白く光る一つ目小僧が飛び出してくる。そして驚いて腰を抜かした人間の顔を、長い舌でぺろりと一口舐めるという。ここでの一つ目小僧は、おそらく狐や狸が化けているものであろう、と言われていた。

東北地方の福島県では、武家屋敷に仕える少女の前に子供があらわれ、「お金が欲しいか」と質問した。「欲しい」と答えると「これか」というのでその顔をよく見ると、耳も鼻もない一つ目がじっとにらんでいたという。これは、当時のお金の中心に穴が開いていたことから生まれた伝承だと考えられる。

一つ目小僧のバリエーション

ひとつの屋敷にずっと住み着いている一つ目小僧も存在する。

江戸城下の武家屋敷に鳥を売った商人が、代金の受け取りに行ったときのこと。部屋に通され待っているとひとりの小僧があらわれ、掛け軸を巻き上げては落とす、といういたずらを始めた。掛け軸が傷んでしまうので注意すると、小僧が振り返り、一言「黙っていよ」と言った。その顔には目がひとつしかなく、商人は驚いて気絶してしまった。あとで話を聞くと、その家は年に4、5回怪しい出来事が起きる家で、一つ目小僧が出現したのも今回が初めてではないという。

ささいないたずらを重ねる無害な子供の妖怪、という印象が強い一つ目小僧だが、なかには真面目でご利益のある一つ目小僧も存在する。京都にある比叡山には有力な寺院が数多く、たくさんの僧が集まる。だが、僧は真面目に学問と修業にはげむ者ばかりではなく、なかには町で遊びまわる不届き者もいる。そんな僧の前には一つ目小僧があらわれ、鐘を鳴らして注意して回ったという。これはただの妖怪ではなく、ある高名な僧侶が生まれ変わった姿なのだそうだ。

閻魔帳を付けては燃やされる

関東地方には、疫病神のような一つ目小僧の伝承が残っている。旧暦の2月と12月の8日になると、一つ目小僧がそれぞれの家を訪れる。これは人々の犯した罪を調べて神に報告し、その後の運勢を決めるための仕事なのだ。そこで人々は一つ目小僧の目をごまかして不幸を避けるため、さまざまな対策を取っていた。

神奈川県の一つ目小僧は、12月8日にやってきて、家々の落ち度を帳面に書き記し、道の神である道祖神に預ける。この帳面は2月8日に疫病神の手に渡るというので、人々は1月14日にすべての道祖神像を焼いて、一つ目小僧の帳面が疫病神に届くのを防いでいた。この行事は現在でも、お正月ののちに大きな火を炊く「左義長（どんと焼き、さいと焼きとも）」という形で残っている。

この他にも、一つ目小僧を家に寄せ付けないおまじないは各地に残っている。例えば12月8日と2月8日に家の軒先に竿を立てて、その先端に荒い目のカゴを引っ掛けておく、というものだ。こうすると一つ目小僧は、カゴの目（編み目）の大きさと多さに恐れおののき、家に近寄らないという。また「目を突く」という意味を込めて、カゴに柊の枝を刺してだめ押しにする地方もあった。

なお12月と2月の8日は、多くの地方で、仕事をせずに家に籠っていなければならない「忌籠り」をする風習があった。この一つ目小僧の伝承は、一年の事納めと事始めのために行われていた忌籠りが、いつしか「化け物が来るから家から出てはいけない」と解釈されて生まれたものである、と考えられている。

一つ目小僧さんがこないように飾る「柊」というのは、あのお正月にイワシの頭を刺して門に飾る、トゲトゲの葉っぱを生やす木のことだそうですね。たしかにあの葉っぱの近くに目を近づけるのは恐いです……。

甲信越・北陸の妖怪
山梨・長野・新潟・富山・石川・福井

illustrated by とんぶう

鬼熊

……甲信越・北陸？
ねえ座敷童子ちゃん、「甲信越」っていったいなんのことなのかな？
聞いたことないよね？

「甲信越」というのは、山梨県と長野県と新潟県のことですよ。山梨は「甲斐国」、長野県は「信濃国」、新潟は「越国」なので甲信越なのですね。遠野と似て山がちなところだそうですから、東北の妖怪とよく似た妖怪がいるかもしれませんね？

木からぶら下がるアレじゃないです
蓑虫（みのむし）

主な伝承地：新潟県、秋田県　主な別名：蓑虫の火、蓑虫火、ミノボシ、ミーボシ、ミームシ　類似の妖怪：蓑火

雨の日にあらわれる幻の炎

　昔の日本人は雨が降ると、藁や茅などできたマントのような"蓑（みの）"と、頭にかぶる"編み笠（あみがさ）"のふたつを組みあわせて雨具にしていた。蓑虫は、この"蓑"につく妖怪である。

　蓑虫が出るのは、雨の日の夜だという。夜道を歩いていると、羽織っている蓑にポツポツと蛍火のような小さな火がくっつくことがあるのだ。この蓑虫は、複数の人間につくこともあれば、ひとりだけについたり、つかれた本人以外に見えないこともある。これらの状態を「蓑虫に憑かれた」という。

　蓑虫に憑かれた場合、決して手で払ってはいけない。手で払われた蓑虫はどんどん増え、やがて払った人間の体を包んでしまうからだ。

　もし蓑虫に取り憑かれたとしても、慌てることなく対処すれば簡単に追い払える。方法は地方によって異なるが、大まかに「蓑虫以外の火をともす」「じっとしている」「静かに蓑を脱ぎ捨てる」の3つの方法が伝わっている。もっとも、蓑虫の炎は言うなれば幻覚のようなもので、触っても熱くなく火傷などの怪我を負うこともないため、放っておいても実害はないという。

　また、同じ蓑虫という名前でも、地方によってはまったく違うものを指す。新潟県の中央部、三条市に伝わる蓑虫は、簑から滴りおちる雨滴が火の粉のように見える現象のことを指し、秋田県の伝承では、寒い日に蓑に付くキラキラと光るもののことを指す。これらもまた、いくら払っても尽きることがないという。

蓑虫の正体見たり……？

　蓑虫のように「夜道を歩いていると、目の前に火の玉があらわれる」怪奇現象は、全国各地に伝えられている。狐火や、人間の怨念などが炎の形になった「鬼火」などはその代表的な例だが、これらの怪異と同様に、蓑虫も多くの地方で、狐や狸、イタチのいたずらだとされている。

　また琵琶湖にあらわれる、蓑虫によく似た「蓑火（みのび）」という妖怪の正体は、溺死した人の怨霊だといわれている。ただし、科学で妖怪を否定する妖怪博士「井上円了（いのうええんりょう）」は、これは妖怪ではなく、動植物の死骸が腐敗することで発生した天然ガスが、空気中で自然発火する現象だとしている。

蓑も笠も使わないから蓑虫は怖くない？　ノンノン！　蓑虫は頭にかぶる「笠」だけじゃなくて、頭上に差す「傘」のほうにもつきマスね！　おまけに雨が降ってなくても出マス。いつでもwarningデスよ！

illustrated by 彩葉

1回だけじゃあ物足りない
朱の盤(しゅのぼん)

主な伝承地：新潟県、福島県　出典：「諸国百物語」(1677年)「老媼茶話」(1742年)
主な別名：朱の盆、朱盤、首の番　類似の妖怪：のっぺらぼう

赤い鬼は2回姿をあらわす

　朱の盤は、現在の福島県や新潟県にあたる地域に伝承が残る妖怪だ。朱の盤の特徴はその外見で、真っ赤な顔に角1本と針のような髪の毛が生え、目は皿のようで、口は耳まで裂けている。歯を噛み鳴らす音は雷のようだったとも伝えられる。この異様な顔で人間をおどかすのが朱の盤の習性である。

　朱の盤が人間をおどかす方法には一定のパターンがある。朱の盤はまず普通の人間に化けて犠牲者に接近し、犠牲者が朱の盤の噂について話すと「その朱の盤とはこんな顔だったか？」と言い、本来の姿に戻って犠牲者をおどかすのである。

　朱の盤の顔を見て驚いて逃げた犠牲者を、朱の盤はさらに追い詰める。逃げ込んだ民家で、犠牲者が「朱の盤に出会った」という話をすると、家主に化けた朱の盤がふたたび本性をあらわす。振り向きながら「その朱の盤とはこんな顔でしたか」と言い、もう一度犠牲者をおどかすのだ。ちなみに福島県の伝承では、朱の盤に2回おどかされた若侍が、100日間寝込んだあとに死んでしまったという。

ところ変わればおどしで済まない

　上に紹介したのは福島県の伝承だが、朱の盤を「朱盤」の名前で呼ぶ新潟県では、朱の盤は外見も特徴もかなり違う妖怪になっている。

　新潟県の伝承では、朱の盤は「朱盤（朱色のお盆）の様な顔をした坊主」とあるだけで、福島県の伝承に見られる、鬼のような外見的特徴がまったくない。物語の展開も大きく違い、朱の盤は「舌長婆(したながばば)」という妖怪とコンビであらわれる。

　新潟から関東へ向かう武士ふたり組が道に迷い、老婆の住むあばら屋に一夜の宿を求めたときのこと。旅の疲れから眠り込んでしまった武士のひとりが目を覚ますと、老婆がもうひとりの武士の顔を舐めている。咳払いをしてこれを止めさせると、突然「舌長婆、何を手間取っている」と声がかかった。声の主は「諏訪(すわ)の朱の盤坊」と名乗ると姿をあらわす。起きていた武士が斬りつけると朱の盤坊の姿は消えたが、その隙に老婆は寝ている武士を抱えて屋敷の外に飛び出してしまった。

　舌長婆が家を飛び出すと同時にあばら屋は消え失せてしまった。連れ去られたほうの武士は全身の肉を舐め取られ、白骨化した姿で見つかったという。

朱の盤さんは、江戸時代以前に描かれた絵がなかったんだそうです。でも2011年に『化け物づくし絵』という江戸時代の画集が見つかって、そこに「赤い顔に1つ目」の朱の盤さんの絵が描かれていたそうですよ。

illustrated by 湖湘七巳

美貌と呪術で男はメロメロ
鬼女紅葉
主な伝承地：長野県　出典：『紅葉狩』(室町時代)　主な別名：紅葉

魔王の娘は魔性の女

　長野県北部の戸隠地方には、紅葉という美しい鬼女の伝説がある。紅葉は妖術に長け、相手を呪って衰弱させたり、病気やケガを治したり、自分の分身を作り出すこともできたという。なぜなら彼女は、仏教の魔王「第六天魔王」が、子宝に恵まれない夫婦に授けた異端の子供だからだ。

　鬼女紅葉の物語は『北向山霊験記・戸隠山鬼女紅葉退治之伝』という、明治時代の小説にくわしい。この物語によれば、心優しかった紅葉が鬼としての本性をあらわしはじめたのは、16歳になり故郷の福島から京都へと移り住んでからのことだ。

　紅葉は、呪術をのせた琴の音色で「源経基」という皇族の目に留まり、彼の寵愛を受けるようになる。しかし、源経基の本妻を妖術で呪い殺そうとしたことが発覚し、紅葉は戸隠へと追放されてしまう。

　流刑にされた紅葉であったが、皇族の子を宿していたことに加え、その美貌と知識によって村人たちから強い信頼を得て、しばらくは平和に暮らしていた。しかし都での贅沢な暮らしへの執着を捨てきれない彼女は、やがて山賊たちを従えて村々を襲い、金品を奪い、あげく生き血をすする鬼女と化した。この紅葉の悪行は京都にも伝わり、朝廷は平維茂という武将に紅葉討伐を命じる。紅葉は得意の妖術で維茂と彼の率いる軍を苦しめるが、最後は神仏の力を借りた維茂に斬り殺されたという。

1980年、浮世絵師月岡芳年の「新形三十六怪撰」より、紅葉の妖術で眠り込む平維茂。

鬼女伝説は能が元ネタ？

　室町時代に成立した舞台芸能「能」に『紅葉狩』という演目がある。これは、戸隠に紅葉鑑賞に来ていた平維茂が、神仏のお告げを受けて、女に化けていた鬼を退位する話である。上で紹介した鬼女紅葉の伝説は、もともと戸隠地方に多く伝わっている鬼の伝承が、この『紅葉狩』と組みあわさって江戸時代に生まれ広まった、比較的新しい時代のものだと考えられている。

平成の市町村合併でなくなってしまいましたガ、長野県長野市の北西部に「鬼無里村」という村がありマシタ。これは紅葉サンが討伐されたときについた地名だそうデス。妖怪が由来の地名、日本には結構ありマス。

コロッっと転がり驚かせ!
イジャロコロガシ

主な伝承地：長野県　類似の妖怪：タテクリカエシ、コロビ

転がるザルが人になる

　風もないのに、"何か"が道を転がっていたら誰もが奇妙に思うだろう。もしかしたらそれは、妖怪によるものかもしれない。

　長野県東部の南佐久郡南牧村には、イジャロコロガシという妖怪の伝承がある。この妖怪は荒れたお堂にあらわれるとされ、夜にお堂のそばを通るとイジャロ（"ざる"のこと）がコロコロと転がってくる。そしてイジャロは人間のすぐ近くに来ると、急に人間の姿になって驚かしてくるのだ。特に子供が驚かされたという。

　この妖怪の正体は明らかになっておらず、狸や狐（→p105）のような化かす妖怪のいたずらのたぐいなのか、物品が妖怪となったいわゆる付喪神の仲間なのか、はたまたそれ以外の妖怪なのか、残念ながら伝承からは読み取ることはできない。

コロコロ転がる妖怪たち

　「器物がひとりでに動く妖怪」というのは日本各地に伝わっていて、その転がってくるものは"茶碗""ヤカン""木槌""石"など、バリエーションも豊富だ。

　高知県の南西部に位置する幡多郡には、タテクリカエシという妖怪が伝わる。これは餅をつく"手杵"（画像参照）のような形をしていて、「スットンスットン」と音をさせながらあらわれて、人間を転ばせようとする。しかしタテクリカエシは急な方向転換ができないので、ぶつかる瞬間に脇によければ転ばされずにすむ。

　少し変わったところでは、山口県に伝わる鑵子転げ、あるいは鑵子転がしと呼ばれる妖怪がある。酒を暖める釜のような器「鑵子」が、なぜか崖の上から転がってくる妖怪で、これに驚いて腰を抜かすと足が萎えてしまうのだという。なお、福島県にも鑵子転げという妖怪がいるが、夜に山道を通る人間めがけて「鑵子」を"転がしてくる"という妖怪だ。

北海道の博物館に展示される臼と杵（手杵）。普通の杵と違い太い棒の中央のくびれた部分を持ってつく（撮影者：100yen）。

138ページで紹介してるツチノコみたいな蛇の妖怪「ノヅチ」も、ごろごろ転がって移動する妖怪デスね。……この子は胴体が短いから、たぶん普通に這うより転がるほうが早いのデス。

illustrated by ryuno

別名豊かな狐の怪異
管狐 & 飯綱

主な伝承地：長野県　　主な別名：クダ／エヅナ、イジナ、飯縄　　類似の妖怪：狐憑き、オサキ

管狐：その所業は上げて落とす

　狐は古くから人間に取り憑く動物だと考えられていた。長野県にはこの種の狐の伝承が多く、なかでも「管狐」と「飯縄」の２体が特に有名である。

　管狐は、イタチとネズミを足して２で割ったような外見で、竹筒やマッチ箱に入る程度の大きさだという。長野県には「猫に捕まっている管狐を見た」という人が多く、その姿は黒の混じった、モルモットのようなものであったそうだ。

　この妖怪は、人間に取り憑く霊的存在「憑き物」に分類され、「人に飼われて使役される」ことと「個人よりも家に憑くことが多い」という点が特徴だ。

　管狐の憑いた家は「管屋」「管使い」と呼ばれ、周辺の住民に忌み嫌われていた。管狐を飼うと金持ちになるという伝承があるが、これは管狐が他の家から金品を盗み集めているからだとされる。また、食事と引き換えに他人の心や考えを読んで教えてくれる、他人を呪えばその人に憑いて病気にさせるなどの災いを起こす。金品を集めるのも他人に取り憑くのも、いずれも飼い主が管狐に命令して行うことだと信じられていたので、管狐の憑いた家は憎悪と忌避の対象になるわけだ。

　周囲からの敵意にさえ目をつぶれば、管狐を飼うことにはメリットが大きいように思えるのだが、ここにはもちろん落とし穴がある。まず、管狐の取り扱いは非常に難しく、管狐が竹筒から完全に抜けだせば、呼び戻すことさえ容易ではないそうだ。さらに、管狐は餌を与えて飼っているうちにどんどん増え、最終的には75匹までに増殖する。75匹の野生動物を平気で飼うことができるのは相当の大金持ちだろう。しかも管狐たちの扱いをおろそかにすると、彼らはたちまち飼い主に害をなし、家を衰えさせるため、増えた管狐を放り出すこともできないのだ。

　管狐の飼い主が死亡し、あやつる者のいなくなった管狐は、人々に害をおよぼさなくなる。彼らは家を離れて流浪したすえ、関東地方の狐の聖地として知られる東京都北区の「王子稲荷」にたどりつき、そこに住み着くという。

修験道と管狐

　上で説明したとおり、管狐は「家に憑く妖怪」としての側面が非常に強い。だがもともと管狐は「修験道」という宗教の修行者である「山伏」の持ち物だった。

　修験道の山伏たちは、山梨県の金峰山や、奈良県の大峰山といった、山伏に官位を出す主要な山寺から管狐を授かる。こうした山伏たちは狐使い、または管使いと呼ばれ、自在に管狐を使役する人々に信じられていた。この山伏たちは一種の見世物の

ように管狐を扱っていたらしく、呪文を唱えてから問いかけると、竹筒の中から返事が聞こえてきたという証言が残っている。この見世物は、主に人々の吉凶を占うものであったようだ。

飯綱:由緒正しき狐神の使い

　飯綱は北海道、東北から関東でいう憑き物で、エヅナ、イジナとも呼ばれており、その姿は小さなネズミのような狐であるという。自主的に動くことは少なく、人に使役され、人に取り憑いて害をなす、修験道の修行者がこれを使って不思議な法を用いるなど、先述の管狐と特性が非常に似ているため混同されがちなのだが、もっとも大きく異なる点はその由来だ。

　この飯綱という名前は、かの戦国武将、上杉謙信にも戦勝の神として信仰されていた飯縄大権現のことで、仏教における神、荼枳尼天にも通じる、神の管理下にある狐の精なのである。つまり、飯縄大権現を信奉する行者が持ち、その管理のもとに使役される狐の妖怪が「飯綱」と呼ばれるのだ。飯綱を使役する行者は飯綱使いと呼ばれ、妖術使いとして畏怖されていたという。

　ただしまぎらわしいことに、飯縄大権現に管理されていない、単独で活動して人に憑く妖怪を「飯綱」と呼ぶ場合もある。由来の違いはあくまで目安と考えておいたほうがいいだろう。

そのほかの憑く狐

　狐の姿をした憑き物には、みずからの意志で人や家に取り憑き害をなす者もいる。"尾裂き"という意味で「オサキ狐」と呼ばれるそれらの妖怪は、関東地方西部、長野、新潟などの地方で江戸時代中期ごろから語られるようになった。その姿はイタチとネズミ、あるいはフクロウとネズミの雑種で、色は茶色かオレンジ系であることが多い。オサキに取り憑かれた者は、いわゆる「狐憑き」と呼ばれる状態になり、発熱、異常な興奮、大食、奇行などの症状があらわれるという。

狐の怪異を見分けるポイント

　ここまで「特性の非常に似ている憑き物の妖怪」を紹介してきたので、最後にこれら妖怪たちを見分ける、それぞれの固有の特徴を挙げていこう。
・管狐は中部地方で、家に飼われている、または官位をもらった山伏が使役する。
・飯綱は飯縄大権現に管理され、それを信奉する行者のみが使役できる。
・オサキは勝手に人や家に取り憑き、人々に害をなす。

　おおまかに分類すると、誰にでも持てるのが管狐、飯縄大権現を信奉する行者のみが持てるのが飯綱、勝手に狐憑きの怪異を起こすのがオサキ、と呼べるだろう。

管狐さんがうらやましいです、細い筒に入って、先生たちとどこにでも移動できるでしょう？　私も動くことはできますけれど、家から離れたら家のみなさんの運が傾いて迷惑をかけてしまいますから。

東海の妖怪

静岡・愛知・岐阜・三重

illustrated by とんぷう

馬魔(ギバ)

東海地方というのはどんなところなのでしょうか？
おうちの旦那様が、天下の三英傑、織田信長様、豊臣秀吉様、徳川家康様が、みんな東海地方出身だと話されていたのをうかがったことはあります。

東海地方には、ナゴヤという大きな街がアリマス。大きな川もアリマスし、険しい山も近いデスネ。
そして南は広大なパシフィック・オーシャン、太平洋デス！ 海、川、山、里で、妖怪の出現ポイントがぜんぶそろってマスネ！

鬼よりやっぱイケメンがいい♥ 鈴鹿御前

主な伝承地：三重県、滋賀県　出典：『耕雲紀行』(室町前期)　著：耕雲　『田村の草子』など
主な別名：立烏帽子、鈴鹿権現、鈴鹿姫　類似の妖怪：鬼女

天竺生まれの鬼娘

　近畿地方の三重県と滋賀県にまたがる鈴鹿山には、その昔、「鈴鹿御前」または「立烏帽子」という名で呼ばれる美しい女性が住んでいた。東北地方に伝わる『田村三代記』では、彼女は外見年齢16歳くらいの美しい娘で、色のよい小袖を重ね着し、赤い袴をはいている。彼女の3本の愛刀「大通連」「小通連」「顕明連」は、空中に投げ上げれば豪雨のように降りそそいで敵をひとりでに攻撃する。鞠のような光る乗り物「小りん車」で空を飛ぶこともできたという。

　鈴鹿御前(立烏帽子)について語る文献は多く、その正体は文献ごとに違う。もっとも有名なのは、鈴鹿御前は鬼であるという伝承だが、そのほかにも天女だったり、ただの強力な山賊だったりする。上で紹介した『田村三代記』では、彼女はなんと仏教の悪魔「第六天魔王」の娘で、わざわざ遠く離れた天竺(現在のインド)からやってきたという設定になっている(→p172)。

鈴鹿山の鬼神と鈴鹿御前がいるところに踏み込んだ坂上田村麻呂。浮世絵師、歌川国芳の1845年の作品。

鈴鹿御前伝説の誕生と成立

　上で書いたように異説の多い鈴鹿御前伝説だが、その伝承の多くには、平安時代に東北を平定した征夷大将軍「坂上田村麻呂」もしくは彼をモデルにした主人公が関わっている。物語の伝承地も、鈴鹿御前のお膝元である近畿地方ではなく、東北地方で語られているものが多い。物語の筋はおおむね、鈴鹿御前と田村麻呂が結婚し、強大な鬼(大嶽丸、悪路王など)に立ち向かうというものだ。

　歴史をひもとくと、鎌倉時代のころに三重県の鈴鹿山に、立烏帽子という頭領に率いられた山賊集団がいたことは事実である。東北の鈴鹿御前伝承は、平安時代の東北で起きた戦争と、鎌倉時代の盗賊の逸話が組みあわさって生まれ、民間で磨きあげられてきた物語である可能性が高い。

鈴鹿御前サンのお話はとてもおもしろいので、もっとじっくり話したいデス。172ページで、田村麻呂サンや大嶽丸サンと一緒に『田村三代記』のお話を紹介しマスから、ぜひ一緒に見てクダサーイ！

「行ってきます」は嵐の合言葉！
一目連（いちもくれん）

主な伝承地：三重県、愛知県　出典：『笈埃随筆』（江戸時代後期　著：百井塘雨）『勢陽五鈴遺響』（1833年　著：安岡親毅・安岡八千女）　主な別名：龍神　類似の妖怪：山の神、天目一箇神（どちらも諸説あり）、悪禅師の風

嵐とともにあらわれる

かつて三重県や愛知県では、嵐や竜巻のことを「一目連」と呼んでいた。つまり一目連は嵐や竜巻を呼ぶ妖怪、あるいは竜巻そのものである。

一目連は「ひとつめのむらじ」と読むこともある。"ひとつめ"の名のとおり、一目連は目が1個しかない妖怪であり、一説には隻眼の龍の姿だとも伝えられる。『東海道名所図会』や『甲子夜話』などの、江戸時代の古書にたびたびその名が記されているところから、広く知られていた妖怪であろうことがうかがえる。

一目連は、移動するときに激しい暴風雨を巻き起こすため、人々は一目連の動向につねに注意を払っていた。さらに、移動時には屋根すれすれの高さを黒い雲が駆け抜けていくことから、三重や愛知の人々は「一目連さまがお出かけになる」と言い、たいへん恐れたという。ただし現代で「台風一過」という言葉があるように、一目連（＝台風）が去ったあとは天候が穏やかになると言われていた。

一目連はより小規模な暴風「竜巻」を起こすこともある。江戸時代には、一目連の暴風は木々をなぎ倒し、天井を吹き飛ばし、大きな岩をも動かすのだが、その被害は非常に狭い地域だけにあらわれるという噂が広まった。これは明らかに台風ではなく竜巻の特徴だ。日常的に竜巻が起きるアメリカなどと違い、日本ではめったに大規模な竜巻が発生しない。そのため竜巻型の一目連の被害は、実体験ではなくうわさ話として江戸の町民に広まったと思われる。

名前は似ているがあくまでも別神（べつじん）です

一目連は、三重県と愛知県の境目にある桑名市の多度大社（たどたいしゃ）で祀られている「天目一箇神（あめのまひとつのかみ）」と混同されることが多い。この神社の別宮に「一目連神社」があることも、混同に拍車をかけている。

天目一箇神は天候と鍛冶を守護する神で、神話でも武器や鏡作りに活躍しているほか、水害から逃れた、嵐の海から生還したという御利益の話にも事欠かない。

ちなみに一目連神社には、神社の本殿にあるはずの扉が存在しない。これは天候の神である天目一箇神が、いざというときにすぐ神社を飛び出していけるよう、あえて扉を作らなかったという気配りだという。

河童ちゃん、いいですか？　天目一箇神様と一目連さんは似ていますけれど、似ているだけだそうです。多度大社さんを「妖怪を祀る神社」なんて言ったら、神様にも神社さんにも失礼ですからやめましょうね。

illustrated by 天領寺セナ

あなたの考え、ぜ～んぶわかるよ！
覚(さとり)

主な伝承地：岐阜県　　主な別名：山鬼、思いの魔物、サトリのワッパ

人間の心を"悟る"妖怪

　もし自分の思考を、相手に読み取られてしまったら、非常に気味が悪いことだろう。各地に伝承の残る「覚」は、まさに"相手の心を悟る"妖怪なのである。

　山に住む覚は猿に似た容姿をしており、木こりや猟師など山中にいる人間の近くにあらわれる。そして「今怖いと思ったな」「逃げようと思ったな」などと言って、人間の考えていることを当てるのだ。覚はこうして相手の考えを暴くことで人間をからかうのだとも、怖がらせ隙を見て食い殺そうとするともいう。

　ただし覚は、相手の考えを読み取れるためか、思いもよらない突発的な出来事に対応するのが苦手なようである。覚の登場する物語ではほとんどの場合、「焚火の木などがはじけて覚に当たる」「キコリがつかんでいた木の枝を離したら偶然覚に当たる」というような、偶発的な出来事に驚いた覚が「人間は思わぬことをするものだ」と言って逃げていくという結末になっている。なお、一部の伝承では、覚は"黄金の弾丸"を見ると逃げ出すとも言われている。

　覚の登場する物語は「サトリのワッパ」という名前で分類される。「ワッパ」とは童子（子供）を意味することから、覚は本来心を読む子供の話だったのではないか、あるいは山の神である童子が妖怪化した姿ではないか、という意見もある。

飛騨・美濃の「玃(やまこ)」

　覚という妖怪を伝える文献のひとつに、江戸時代後期の画家、鳥山石燕(とりやませきえん)が書いた『今昔画図続百鬼(こんじゃくがずぞくひゃっき)』がある。このなかで石燕は「飛騨国と美濃国（現在の岐阜県）に、覚と呼ばれる玃(やまこ)がいて、色は黒くて毛が長い、人の心を察し、人に害はなさず、逆に人が殺そうとすると逃げてしまう」という、覚の特徴が書かれている。

　ただ、『今昔画図続百鬼』が書かれるよりも前、江戸時代中期ごろに書かれた百科事典『和漢三才図会(わかんさんさいずえ)』には、一説では「黒ん坊」とも呼ばれる、猿によく似た動物を説明する部分に非常によく似た記述があり、『今昔画図続百鬼』の記述は『和漢三才図会』を参考にしたものではないかと推測されている。

　なお玃とは、中国に伝わる猿に似た妖怪だ。人間の物を奪ったり女性をさらって子供を産ませるというが、"人間の心を読みとる"という特徴は伝わっていない。

「何も考えない」ことも有効な対策デス！　覚は相手が何も考えていないと、退屈すぎて消えたり、もがいて死んでしまうそうデス。……目の前に妖怪がいるのに、頭をカラッポにするのも難しそうデスけど。

illustrated by しかげなぎ

油断大敵、見上げるな危険!
見越し入道（みこしにゅうどう）

出典：『古今百物語評判』（1686年　著：山岡元隣）『煙霞奇談』（1773年　著：西村白鳥）など
主な別名：見越し、御輿入道　類似の妖怪：次第高、伸び上がり、乗り越し、見上げ入道

道のカゲからこんにちは

　見越し入道は、東海地方をはじめとする全国各地によく似た伝承の残るメジャーな妖怪だ。この妖怪は夜道や道の曲がり角、坂道の突きあたりなどに突然あらわれて、人をおどかす。それだけなら害のない妖怪と言えるのだが、地域や伝承によっては人を殺すこともあるため、十分に注意が必要である。

　見越し入道は首の長い坊主頭の僧侶の姿をした妖怪である。非常に大きな体をしており、人を上からのぞき込む……つまり"見越す"のである。のぞき込まれた人間は食い殺されてしまうとも、喉を噛み千切られてしまうとも、はたまた巨体が上から倒れ込んできて押しつぶされてしまう、ともいわれる。

　この見越し入道という妖怪は多くの場合、その正体がよくわかっていない。ただし一部には、狸や狐、イタチといった動物妖怪が、化かす能力を使って生み出した幻覚だとする伝承もある。また、ごく一部の地域では、出会った者を熱病にする疫病神（やくびょうがみ）の一種だとしている。

あわてず対処で安全確保

　見越し入道は知名度が高いためか、退治する方法の伝承も数多く残っている。

　もっとも多いのは、見越し入道の目の前で特定の言葉を唱える方法だ。見越し入道があらわれる前兆にあわせて、もしくはあらわれたときに「見越し入道、見越した」または単に「見越した」と口にすれば、見越し入道は消えるという。ただし、こちらより先に見越し入道から「見越した」と言われると自分が死んでしまう、とする伝承もあるため、注意が必要だ。

　また、東北地方南部の福島県付近では、見越し入道の退治方法がほかとやや異なる。この地方の見越し入道は、かならず手にナタや提灯などを持っているのだが、この持ち物を狙って叩けば、見越し入道を退治できる。それというのも、実はこの持ち物こそが、見越し入道の本体であるイタチが化けた姿だからなのだ。

　これ以外にも、地方によっては、妖怪の嫌うタバコを吸う、定規で見越し入道の高さを測る、足から見上げていくのではなく頭から足へ下に見ていく……などといった方法で見越し入道を追い払えるという。

妖怪さんのお名前には「見越し入道」さんや「大入道」さんのように、「入道」と名前がつく方が多いようですね。この入道というのは「悟りを得る道に入った」という意味で、お坊さんの別名なのだそうですよ。

千疋狼
あなたのうしろをつけてます

主な伝承地：静岡県、新潟県　出典：「絵本百物語」（1841年　桃山人）
類似の妖怪：山犬、鍛冶が嬶、鍛冶が媼、小池婆、弥三郎婆

襲うか守るかあててみて♪

　千疋狼とは、送り犬や山犬とも呼ばれる、山に出現する犬科動物の妖怪である。山犬という名前は、東北から九州までの広い範囲で、狼をあらわす単語として使われていた。山犬（狼）は、狐や狸とおなじく怪現象を引き起こすと考えられた動物であり、妖怪と呼ぶにふさわしい存在だろう。

　全国に伝わる怪現象のうち、千疋狼が引き起こす現象としてもっとも有名なのが、「送り犬」という現象だ。地域によっては「送り狼」と呼ばれることもある。

　送り犬は、山道などで狼や犬が人間のあとをついてくるという現象だ。そのあと狼や犬が事件を引き起こすのだが、起きる事件の内容が伝承ごとに異なる。送り犬現象は、危険な送り犬と、人間を助ける送り犬のふたつに分類できる。

　人間を助ける送り犬は、人間が転んでも襲わないどころか、危険な獣や悪霊などから、人間をまるでボディガードのように守ってくれるという。だが危険な送り犬は、山道などを歩いている人間の動向を見張っている。このとき人間が転ぶと、送り犬は転んだ人間を跳び越えて襲いかかり、食い殺してしまうのだ。

たくさんの狼が組むから「千疋狼」

　「千疋狼」形式の物語として有名な新潟県の伝承「弥三郎婆」（→p133）は、年老いた母親と暮らす若者が、たくさんの狼たちに襲われる話だ。この話の冒頭で、山道をひとりで歩く若者を狼が襲う「送り狼」現象が発生している。

　山中で狼に襲われた弥三郎は、狼をやり過ごすために木に登るのだが、狼たちはハシゴのように何段も肩車をして木の上の若者を襲おうとする。だが肩車する狼の数が足りなかった。そこで一番上の狼が「弥三郎の婆を呼べ」と吠え立てたところ、空から腕があらわれて弥三郎

弥三郎婆と同型の伝承である「鍛冶が嬶」を描いた版画。江戸時代末期の怪奇イラスト集「絵本百物語」より。

をつかんだ。しかし弥三郎が腕を刀で切ったとたんに、狼たちは消えたという。

　千疋狼形式の物語には、このほかにも「鍛冶が嬶」「小池婆」などさまざまな題名を持つ物語があり、それぞれ違った内容と結末となっているが、狼たちが肩車でハシゴを組む、という点だけはどの話でも共通している。

人を助けた送り犬

 昭和初期の文献『小県郡民譚集』には、人を助けた送り犬(千疋狼)の話がある。
 長野県の家へ嫁入りをした女性が妊娠し、出産のために里方へ帰ろうと山道を歩いていたところ、山の中で急に産気づいてしまい、産婆の助けも借りずに赤ん坊をたったひとりで産み落とした。
 さすがに子供を産んだ直後に動くことはままならず、山中で産婦と赤ん坊は夜を迎えてしまうのだが、そこに送り犬が何匹も集まってきた。産婦は食べられてしまうのではないかと恐れていたが、送り犬たちはそうではなく、産婦がほかの狼などに襲われないよう、守るために集まっていたのだ。
 しばらくすると、数匹の送り犬が女の亭主の住む家へと向かい、亭主の着物をくわえて、女のいるところまで引っ張ってきた。そのおかげで女と赤ん坊は亭主に発見され、無事に家へと帰れたのである。亭主は送り犬たちに深く感謝し、赤飯をこしらえて送り犬たちにふるまったという。

犬や狼とのつきあい方

 犬や狼についてこられたときに、それが危険な犬なのか親切な犬なのかを判断するのは難しい。各地の民話には、千疋狼の害を避けたり、千疋狼を味方に付けるための特別な方法がいくつか伝わっている。
 まずは害を避ける方法と対処から紹介していこう。千疋狼につけられているときは、転んではいけない。転ぶと千疋狼は襲い掛かってくるからだ。だが彼らは座った人を襲うことはないので、転んだときはすぐに「どっこいしょ」と言う、タバコを吸うなど"座ったふり"をすれば、千疋狼は「この人間は転んだのではなく、休憩のために座ったのだ」と考え、その人間を襲うことはないという。
 千疋狼が嫌うものを持ち歩くのも効果的だ。この妖怪は、火縄銃に点火するためのロープ「火縄」が燃えるニオイが苦手なので、火の付いた火縄を持った者の近くには寄ってこない。また、千疋狼は自分を恐れたり、自分に敵対するものに襲いかかる。堂々とした態度で道を歩き、千疋狼を刺激しなければ、襲われることはないという。
 次に、千疋狼を味方に付ける方法を紹介しよう。江戸時代の食べ物図鑑『本朝食鑑』には、千疋狼に襲われたときに命乞いをすれば、千疋狼は人間を襲うのをやめ、逆に獣の害から守ってくれるという記述がある。
 千疋狼を連れたまま無事家に到着したときには、お礼の品をお供えするのがよいという。千疋狼は塩、小豆飯、わらじの片方などを好むので、これらの物を贈れば、彼らは満足して帰って行くという。また、千疋狼が山に帰るときには「ご苦労さん」とねぎらいの言葉をかけてあげるとさらによい。

狼の生態を研究している動物学者の平岩米吉さんは、千疋狼さんがハシゴを組むお話は、狼が高くジャンプする身軽さをわかりやすく表現したものだって考えていたそうです。ハシゴより高く跳ぶってことでしょうか?

関西の妖怪
滋賀・京都・奈良・和歌山・大阪・兵庫

illustrated by とんぷう

宇治の橋姫

関西地方は妖怪の本場ですよ～！ 京都に奈良っていう歴史の長い都があるから、昔から有名な妖怪のお話がたくさんあるんです！
特にお寺ですよね、古いお寺には古い妖怪がいるのはじょーしきです！

関西地方の妖怪には、九郎判官「源義経」や、陰陽師「安倍晴明」みたいな、とっても有名なヒーローの関係者が多いのデス。このページ以外に、161ページからの「妖怪退治の英雄たち」でも、関西の妖怪のお話をたくさん紹介してマス！

すごいコあのコはキツネの子

葛ノ葉狐
（くずのはぎつね）

主な伝承地：大阪府　出典：『三国相伝陰陽管轄ホキ内伝金烏玉兎集』（著：安倍晴明？）『絵本百物語』（1841年　桃山人）『日本霊異記』（平安時代前期　著：景戒）など　主な別名：葛の葉、信太妻、信田妻

安倍晴明の母は狐だった？

　歴史や神話に登場する偉大な人物が、人間以外の血を引いているという設定は世界各地で見られる。異常な出産や人外の血筋が、その人に超常の力を与えるのだ。海外では、男女の交わりなく生まれたイエス・キリストや、ギリシャ神話の全知全能の神ゼウスと人間女性のあいだに生まれた、最強の英雄ヘラクレスなどが知られているが、実は平安時代の陰陽師として有名な"安倍晴明"もそのひとりだという伝承が残っている。彼は「葛ノ葉」という女性の化け狐が、人間の陰陽師とのあいだに産んだ子供である、というのだ。

　葛ノ葉は現在の大阪府南部、和泉市にある「信田の森」に住んでいたため、「信田妻」「信太妻」「信太狐」などと呼ばれることもある。全身を白い毛皮に包まれた妖狐であり、一般的な化け狐と同じように人間の女性に変化できたという。性格はつつしみ深く、愛情あふれる女性だったと伝えられている。

母が遺した1枚の「葛の葉」

　葛ノ葉と安倍晴明をむすびつけた最初の記述は、鎌倉時代末期に書かれた陰陽道の教典『三国相伝陰陽管轄ホキ内伝金烏玉兎集』にある。この内容が脚色され、広まったのが現在知られている葛ノ葉伝説だ。その集大成といわれる物語『しのたづまつりぎつね付あべノ晴明出生』には、以下のように記されている。

　安倍晴明の父親で、摂津国（大阪府）の武士である安倍保名が信田の森を訪れたときに、保名は狩人に追われている白狐を見つけて助けたのだが、そのとき怪我を負い、動けなくなってしまう。保名が困っていると、そこに葛ノ葉と名乗る女があらわれ、保名を介抱して家に送り届けた。葛ノ葉は何度も保名の見舞いに訪れ、いつしかふたりは恋仲になり結婚する。葛ノ葉は保名の子供を産み、童子丸と名付けた……この子供こそが、のちの安倍晴明である。

　保名と葛ノ葉は幸せに暮らしていたが、あるとき葛ノ葉は菊の花に見とれて、狐の本性をあらわしてしまう。これを童子丸（晴明）に見られてしまった葛ノ葉は、もう保名たちとは一緒に暮らせないと、下のような別れの句を残して去っていった。

「恋しくば たずね来てみよ 和泉なる 信太の森の うらみ葛ノ葉」

　この句を読んだ保名は、童子丸を連れて信田の森を訪れた。すると信田の森には、今まで姿も見えなかった「葛」の葉っぱが一面に生い茂っていた。保名はこの葉っぱを1枚持ち帰って御守りにし、童子丸を立派に育てあげたという。

葛ノ葉伝説のできるまで

　江戸時代の妖怪、怪現象話をまとめた『絵本百物語』では、左のページで紹介した有名な物語とは違った内容の「葛ノ葉」の話が収録されている。この話には安倍晴明も、その父保名も登場しない。

　ある狐が人間の恋に憧れ、美女に化けて男と交わり子供を産んだ。その女の正体が狐であるとは知らないまま、男は彼女と結婚して一緒に暮らすようになった。

　男は、妻が子供をあやすときに子供のことを舐めるのを不思議に思っていた。あるとき男は、狐が自分の子供を舐めている場面に出くわし、刀を抜いて狐を追い払おうとした。もちろんこの狐は男の妻であり、彼女は人間の姿に戻って、だましていたことを謝罪した。男は狐の嘘を許したのだが、狐は夜にまぎれて男の家を去ってしまった。翌朝、妻がいないことに気付いた男があちこちを探し回ると、舌をかみ切って死んでいる狐を見つけたという。

　『絵本百物語』にはさらに、葛ノ葉が安倍晴明の母だとする物語は、この物語をもとにして作られたのではないかと記されている。しかし、肝心のこの物語がいつ作られたものなのかがわからないため、この推測が正しいか否かは不明である。

　またこの話のほかにも、葛ノ葉の性格が大きく違う物語がある。こちらの話では葛ノ葉が安倍晴明の母親であることは元の話と同じだが、葛ノ葉は遊女となって諸国を渡り歩き、人間の男と夫婦になって晴明を生んだことになっている。

狐にもらったスーパーパワー

　先述したとおり、特殊な生まれ方をした人間は、特別な能力をそなえていることが多い。平安時代初期に書かれた物語集『日本霊異記』には、狐と人間のあいだに生まれた子供は力が強く、鳥が飛ぶような速さで走ると記されている。

　妖狐の子供である安倍晴明は、立派な陰陽師として成長し、その能力をいかんなく発揮している。晴明のライバルであった同業者、芦屋道満が晴明の父、安倍保名を惨殺したときには、儀式によって死んだ父をよみがえらせている。まさに人間離れした能力であり、「狐の子供だからこんなにすごいことができるのだ」とでもしておかなければ、納得するのは難しかったのかもしれない。

　だが実のところ、安倍晴明が狐の子供だという話が初めて登場するのは、前のページでも紹介したとおり鎌倉時代の初期、晴明の死後300年ほど後の時代の文献だ。実際の歴史でも晴明は平安時代の大陰陽師であり、のちの陰陽師たちにも大いに尊敬される存在だった。後世の陰陽師は、自分たちの大先輩の偉大さを強調するために、安倍晴明が妖狐から生まれた、狐と人間のハーフという特別な存在だという伝説を作り出したのだと考えられている。

葛ノ葉狐さん、大阪の地名にもなってるんですね。むかし「信太の森」があったっていう大阪府和泉市に「葛の葉町」って場所がありますよ。ここには葛ノ葉狐さんを祀る神社もあるんですって！

鞍馬天狗

義経はワシが育てた!

主な伝承地:京都府　主な別名:鞍馬山僧正坊、護法魔王尊、鬼一法眼　類似の妖怪:天狗

天狗の枠をはみ出す超存在

　妖怪のなかでも広く名を知られている天狗の最上位といえば、京の都の北にある「鞍馬山」の大天狗、鞍馬山僧正坊。またの名を鞍馬天狗だ。鞍馬山は多くの天狗が集まる山だが、鞍馬天狗は彼らをたばねる天狗の総帥なのだ。

　鞍馬天狗は、天狗の代名詞である高い鼻の元祖でもある。室町幕府のお抱え画家「狩野元信」が鞍馬天狗を赤顔高鼻で描いたため、それ以降、天狗といえば赤い顔をしているのが定番になったという。

　鞍馬天狗はさまざまなところで人間世界とかかわっている。特に有名なのが、平安時代の終わりに源氏と平氏の戦いで大活躍した若武者、源義経との関係だ。義経が牛若丸という幼名を名乗っていたころ、鞍馬天狗は牛若丸に剣術と兵法を教えた、という伝説が残っている。

　室町時代ごろに書かれた『義経記』という物語には、鞍馬天狗ではなく、陰陽師にして剣術家の「鬼一法眼」という架空の人物が登場する。この人物は多くの剣術流派の祖になった「京八流」という流派の創始者という設定で、鞍馬天狗とおなじく物語中で源義経に剣術を教えている。ここから鞍馬天狗と鬼一法眼は同一人物と考えられるようになり、剣術の神として信仰を集めている。

魔王で仏で宇宙人

　八百万の神という言葉のとおり、何でも神様にしてしまう日本人は、妖怪であるはずの鞍馬天狗のことも神様として扱っており、魔を払い福を呼び込む御利益があると考えている。さらに鞍馬天狗は仏教の神「多聞天」と同一人物で、夜になると鞍馬天狗の姿をとるともされている。ちなみに多聞天の別名は毘沙門天といい、戦国武将・上杉謙信に信仰されるなど戦いの神として名高い。

　鞍馬天狗は宇宙からやってきた、という説もある。彼の本名はサナートクマラといい、650万年前、人類救済のために金星からやってきた使者だというのだ。宇宙人説の真偽は定かではないが、毎年5月、鞍馬寺では満月の夜に人類の幸福を鞍馬天狗に祈る五月満月祭が行われる。国や地方ではなく、人類全体の幸福である。他の妖怪や天狗とはスケールが違う、まさに宇宙的存在ではあるのかもしれない。

鞍馬寺は「天台宗」という宗派のお寺デシタ。ですが1949年、鞍馬寺は「鞍馬山魔王大僧正」という大天狗がいちばんエライ! と言って、新しい宗派「鞍馬弘教」を立ち上げたのデス。鞍馬天狗恐るべしデスね!

清姫(きよひめ)
LoveLove ファイヤー大炎上(だいえんじょう)

主な伝承地：和歌山県、三重県　出典：『大日本国法華験記』（平安時代中期）、『今昔物語集』（平安時代末期）など

ヨメ認定にはご用心

　妖怪の多くは、動物や不思議な自然現象に名前を付けたものだが、もともと人間だった妖怪というのもめずらしくはない。この清姫という妖怪は、男性への熱い想いが暴走し、肉体を変化させてしまった女性だ。妖怪に変身した清姫の体は蛇とも龍ともいえる姿であり、口から高温の炎を吐き出したという。

　清姫の物語は、登場人物の名前をとって『安珍(あんちん)・清姫伝説』として広く知られている。この物語の一方の主人公、福島出身の美青年僧侶「安珍」は、紀伊半島にある熊野(くまの)神社に毎年参詣していて、その途中で現在の和歌山県にある家に泊まっていた。家の主(あるじ)は毎年やってくる安珍に「娘の清姫の結婚相手に」と冗談を飛ばすなど、安珍を気に入っていた。だがここで大きな問題が起こる。娘の清姫は「結婚相手」という父の発言を、冗談ではなく本気でとらえていたのだ。

　何年かたって年ごろの娘になった清姫は、安珍に「いつ自分を嫁にしてくれるのか」と迫る。その執念に恐れを抱いた安珍は、結婚話をごまかして逃げ出してしまう。安珍に裏切られたと思った清姫は、その恨みと悲しみで蛇の化け物へと変わってしまったのだ。安珍は和歌山県の道成寺(どうじょうじ)に逃げ込み、地面に下ろした釣鐘(つりがね)の中にかくまってもらったが、蛇の姿で追ってきた清姫に見つかってしまう。清姫は釣鐘に巻きついて恨みの炎で鐘を焼き、中の安珍は灰になってしまった。

鐘まで呪った女の情念

　上で紹介した清姫の伝説は、安珍・清姫伝説の１パターンにすぎない。鐘の中に逃げ込んだ安珍を清姫の蛇が焼き殺すという結末は同じだが、それぞれ清姫の年齢が違う、清姫が人妻または未亡人であるなど、設定や話の展開に違いがある。

　また、この話には後日談もある。能楽の演目『道成寺』によると、清姫のせいで長らく失われていた道成寺の鐘が再建されたとき、道成寺に白拍子(しらびょうし)（女芸人のこと）があらわれた。実はこの白拍子の正体は清姫だったのだ。安珍を隠した道成寺の鐘を恨むあまり、彼女は怨霊と化してふたたび道成寺にあらわれたのである。清姫は僧侶の祈祷によってなんとか追い払われたのだが、清姫の執念のためか、その鐘はよい音が鳴らず、さらには付近に災害や疫病が続いたため、捨てられてしまったという。

関西の妖怪

能楽のほうのお話で捨てられちゃった鐘が、道成寺からぐっと離れた京都の「妙満寺」に現存するって情報をキャッチしましたよ！　なんでもお坊さんの祈祷が効いて、毎日すごくいい音を鳴らしてるそうです♪

鎖の恨みはカタナで晴らす！
鬼童丸（きどうまる）

主な伝承地：京都府　出典：『古今著聞集』（1254年　著：橘成季）　主な別名：鬼同丸

頼光を付け狙う鬼刺客

　平安時代に活躍した武士、源頼光（→p162）とその配下の四天王（→p164）は、土蜘蛛、酒呑童子などの大妖怪を退治してきた日本最高の妖怪ハンターである。その英雄たちに、無謀にもたったひとりで挑んだ鬼がいた。その鬼の名は鬼童丸と言い、強大な力を持つ盗賊として恐れられていた。

　頼光が弟の頼信の家に行ったときのこと。頼信の家の廐に鬼童丸が捕らえられていた。頼光は縛り方が足りないと言い、鬼童丸を鎖で縛りあげさせた。鬼童丸はそれを恨みに思って、頼光の命を奪うことに決めたのである。

　鎖を引きちぎって屋根に潜み、頼光を狙う鬼童丸だったが、気配を察した頼光は隙を見せない。そこで鬼童丸は、家来との会話から頼光たちの行き先を推測し、先回りすることにした。鬼童丸は牛を殺してその生皮をかぶり、頼光たちを待ち伏せたのだが、頼光の部下に見破られて弓矢で撃たれてしまう。鬼童丸は矢傷に耐えて頼光に斬りかかるが、逆に首をはねられる。だが鬼童丸の執念は凄まじく、体は首を失ったあとも倒れず、切り落とされた首は頼光たちの馬具に噛みついたという。

かなわなかった鬼の仇討ち

　鎖で縛られた程度の恨みを晴らすにしては、鬼童丸の執念はあまりに深い。なぜ鬼童丸はこれほどまでに「打倒源頼光」にこだわったのだろうか。その理由を鬼童丸の父親に求める説がある。京都府北部の福知山に残る伝承によれば、鬼童丸は、源頼光に退治された鬼「酒呑童子」の子供なのだという。

　かつて酒呑童子が倒されたとき、多くの女性が助け出されたが、そのなかに正気を失って故郷に帰れなかった女性がおり、彼女が産んだのが鬼童丸だったのだ。つまり鬼道丸の執念は「父の仇討ち」からきていることになる。ちなみに鬼道丸は生まれたときから歯が生えていて、7～8歳になると猪や鹿を狩って食うなど、鬼の子供らしい急成長を見せている。

　平安時代の武士の活躍を描いた『前太平記』には別の説があり、鬼童丸は酒呑童子と同じように、悪事をはたらいて破門された僧侶だとしている。酒呑童子とまったく同じ境遇なら、打倒頼光に執念を燃やすのも道理であるのかもしれない。

関西の妖怪

生まれたばっかりの赤ちゃんに歯が生えてることって、けっこうあるんデス。医学用語で「魔歯」とか「鬼歯」って言うらしいデス。医学名からして「ただごとじゃない！」感があふれてるデスね〜。

illustrated by たかへろ

山中にあらわれる一本足妖怪

　奈良県と和歌山県にまたがる果無山脈をはじめとする紀伊半島の一部地域では、12月20日を「果ての二十日」と呼び、厄日とする風習があった。なぜなら12月20日は妖怪"一本だたら"があらわれる日なのだ。

　紀伊半島の広い地域に伝わる一本だたらは、伝承によって外見やその性格はバラバラであるが、ほぼ共通して"一本足"の妖怪だとされている。12月20日のみ山中にあらわれて出会った人間を襲ったり、病気にしてしまう。果無山脈周辺に出没する一本だたらは、ひとつの足と皿のような目を持っている。奈良県の伯母峰にあらわれるという一本だたらは、電信柱のような体に目鼻をつけたような姿で、宙返りをしながら移動して一本足の足跡を残すという。

　なお、一本だたらのような一本足の妖怪をそのままずばり「一本足」という名前で伝える伝承は各地にある。例えば静岡県では、雪が積もった山中で片足だけの足跡が発見されると、一本足の足跡だと考えられた。この伝承では、一本足の正体は片足を斧で切り落として死んでしまった人間の怨念なのだとされる。

　こうした一本足の妖怪は、ほとんどの場合、山と密接な関係にある。古来からの自然信仰のなかでは「山の神」が一本足とされることが多いため、一本だたらもまた、山の神と何らかの関わりがあるのではないかと推測される。

伯母峰の一本足「猪笹王」

　奈良県南西部に位置する山「伯母峰」とその周辺地域には、「猪笹王」という一本足の妖怪にまつわる伝承があり、この妖怪と一本だたらを結びつけることが多い。

　有名な物語では、猟師が伯母峰で"背中に多数の笹が生えた猪"と遭遇し、鉄砲で足の1本を撃つ。その後、猪笹王の亡霊が"一本足の鬼"となって伯母峰を行く旅人を襲い始めてしまったのだ。

　猪笹王による被害は、丹誠上人という僧侶がこの妖怪を封印したことでおさまった。しかし、封印の条件として"12月20日だけは猪笹王は自由に動ける"ことになったため、人々はこの日だけは山に近づかないようにしたという。「果ての二十日」の伝承はこの物語から生まれたともいわれる。

　一本だたらは「製鉄技師さんと関係のある妖怪」だって、本当ですかね～？　たしかに製鉄では「たたら」って道具で風を送るし、火を直接見たりふいごを踏むから片目と片足が悪い人が多かったそうですけど。

illustrated by ムロク

片輪ナシでも走ります 片輪車

主な伝承地：京都府、滋賀県　出典：『諸国里人談』（江戸時代中期　著：菊岡沾涼）
『今昔画図続百鬼』（1779年　著：鳥山石燕）など　類似の妖怪：輪入道

見れば子供が奪われる

　平安時代の貴族たちは「牛車」という乗り物を使っていた。牛車とは、左右に車輪のついた2輪の車を牛に引かせる乗り物である。「片輪車」は、この牛車が妖怪になったものだ。その外観は牛車そのものだが、車を引く牛がいないのに動き、全体に炎をまとい、左右どちらかの車輪が外れているのが特徴である。

　片輪車の登場する伝承は2種類あるが、どちらも導入は同じである。ある村に炎に包まれた片輪の車があらわれ、毎晩徘徊し始める。姿を見たりうわさ話にするだけで祟りがあるというので、村の住人は夜になると堅く戸締まりをして誰も外出しなくなった。そして、それを好奇心でのぞき見てしまった女性が、片車輪に「おまえの子供から目を離すな」と忠告される、というものだ。

　2種類の物語では、車の中身と物語の結末が大きく違っている。江戸時代中期の物語集『諸国里人談』では、片輪車に乗っているのは美しい女性だ。こちらでは、片輪車が赤ん坊をいったんはさらうものの、女性の我が子を想う心に胸打たれて、赤子は女性の元に返される。江戸時代前期の『諸国百物語』の片輪車は、荷台がない車輪だけの存在で、その車輪の真ん中に男の顔が付いている。この話では、片車輪は赤ん坊の肩口から股までを引き裂き、その足を奪っていくという結末になっている。

車輪の妖怪バリエーション

　江戸時代の浮世絵師「鳥山石燕」が書いた『今昔画図続百鬼』には、この片輪車だけでなく、片車輪とそっくりな「輪入道」という妖怪も描かれている。鳥山石燕は『諸国里人談』に載っている滋賀県の伝承を元に片輪車を、『諸国百物語』に載っている京都の伝承

左が片輪車、右が『諸国百物語』を参考にした輪入道。いずれも江戸時代前期、鳥山石燕画。

を元に輪入道を描いているのだ。片輪車と輪入道は、妖怪の新しい名前が生み出される理由を伝える貴重な実例なのである。

最近では「かたわ」っていう文字面がハンディキャップのある人に失礼だということで、「片車輪（かたしゃりん）」という名前に変えられて登場することもありマス。名前が違っても同じ妖怪デスヨ！

illustrated by 逢倉千尋

マドカの妖怪種族紹介③　[天狗]

　日本三大妖怪の最後の1種は"天狗"だ。天狗は妖怪のなかでも特に宗教と深い関わりがあるので、宗教の話にからめて紹介しよう。……私の生徒の秋葉という娘は「自分は天狗だ」と自称しているが、教室にまで"なりきり"遊びを持ち込まないでもらいたいところだ。

　天狗は山に住む妖怪である。修験道という宗教の修行者「山伏」の服を着て、手に錫杖を持ち、背中の翼で空を飛ぶ。さらには強大な神通力を持ち、念導力のような怪現象を起こすことができる。

　なお、天狗といえば赤い顔と長い鼻が連想されるが、実は天狗の鼻が長くなったのは平安時代末期以降である。これは天狗の「自信過剰で傲慢な性格」を表現したもので、強大な力を持つ天狗ほど長い鼻で描かれることが多い。長い鼻になる前の天狗は、鳥のようなくちばしを持つ姿で描かれていた。

宗教が広めた天狗伝承

　天狗という妖怪は、鬼や河童などの有名妖怪と比較すると、非常に宗教色が強い。

江戸時代末期に作られた、口がクチバシになったタイプの天狗の像。
撮影者：WolfgangMichel

　なぜなら鬼や河童は古い説話や民間の伝承を土台にして自然発生的に広まったものだが、天狗は宗教によって意図的に広められた妖怪だからだ。天狗伝承を広めたのは仏教の一派「天台宗」と、仏教と神道から生まれた山岳信仰「修験道」なのだが、天狗を善玉とするか悪玉とするかが、双方で正反対に分かれている。

天台宗と天狗

　天台宗は、布教のために天狗を利用していた。彼らはまず、悪い天狗を、天台宗の徳の高い僧侶が退治するという伝承を広める。そして、世の中で起きている悪いことはすべて天狗の仕業だと主張し、天狗を退治できる天台宗への信仰を集めようとしたのだ。

修験道と天狗

　修験道の修行者「山伏」は、山の中で修行をすることから天狗と間違われやすい。そのため修験道は、天狗を善の存在と定義づける工作を行った。彼らが霊山として信仰する山の名前を天狗につけ、天狗は仏法を守護する善の存在だと定義づけた。

中国・四国の妖怪
岡山・広島・鳥取・島根・山口・徳島・香川・愛媛・高知

illustrated by とんぷぅ

なめ女

……あれ、タヌキさんがいっぱい？
ヤクモ先生、なんで中国・四国地方にはタヌキの妖怪さんのお話がふたつもあるんですか？
これまでタヌキの妖怪さんのお話って、ひとつもなかったですよね？

イエス、それはー、四国地方が「タヌキの楽園」だからなのデス！
日本で「化かす妖怪」といえばタヌキとキツネデスけど、なぜか四国にはキツネがぜんぜん住んでなくて、タヌキのパラダイスになっているのデスね！

呼べば応える律儀者
山彦(やまびこ)

主な伝承地：日本各地　出典：「和漢三才図会」（1712年　著：寺島良安）「百怪図巻」（1737年　著：佐脇嵩之）　主な別名：木霊　類似の妖怪：呼子、呼子鳥、山彦岩、山オラビ

山の中の監視役

　山や谷の斜面に向けて叫ぶと、声が戻ってくる。音が山肌で反響し、遅れて跳ね返ってくるこの現象は「ヤマビコ」または「コダマ」と呼ばれるものだが、昔の人は山の中にいる「何か」が叫び声に応えているのだと考えた。その犯人がこの妖怪、山彦である。幽谷響とも書き、全身に毛が生えた、猿とも狸ともつかない姿で描かれる。また、樹木の霊が応えているという考え方もあり、その場合は「木霊」と呼ばれる。

　山彦に似た妖怪は全国におり、さまざまな名前で呼ばれている。中国地方の鳥取県には呼子または呼子鳥という、コダマを起こす妖怪がいる。鹿児島県の奄美大島では、コダマのことをヤマンボと呼び、同じ名前の妖怪の仕業だとしている。

　山の中では声だけでなく、さまざまな音が何度も反響して聞こえてくる。こういった前触れなく聞こえる反響音も山彦の仕業と考えられた。高知県の山彦は、深い山の中で突然聞こえる、恐ろしい声のことを指している。

その声に答えても大丈夫?

　山から返ってきた声に安易に応えるのは考えものである。もしかすると危険な妖怪の誘いの声かもしれないからだ。例えば福島県には、山オラビという妖怪がいる。「おらぶ」とは、福岡を含む九州地方の方言で大声で叫ぶ、という意味だ。山の中で山オラビに「ヤイヤイ」と言うと、山オラビも「ヤイヤイ」とおらび返してきて、ついには人をおらび殺してしまう、と伝えられている。山オラビに勝つには破れ鐘、つまりひびの入った鐘を叩くといいらしい。

　妖怪以外が声を返すこともある。日本には声を返すという巨大な岩「鸚鵡石」が三重にふたつ、愛知にひとつ、福島にひとつの合計4ヶ所ある。特に三重県志摩市にある鸚鵡石は幅121m、高さ31mという巨岩で、112代霊元天皇も鑑賞したという逸品だ。

三重県志摩市の鸚鵡石。目の前にある「語り場」から岩に大声を浴びせると、数十メートル先にある「聞き場」まで声が響くという。

山の中には音を立てる妖怪がたくさんいるから嫌いだよ、川でサラサラと小豆を洗う「小豆洗い」とか、天狗が木を倒す「天狗倒し」とか……って、笑わないでよ座敷童子ちゃん、ほんとに怖いんだから……。

日本屈指のカリスマ狸
隠神刑部狸(いぬがみぎょうぶだぬき)

主な伝承地：愛媛県　出典：『松山騒動八百八狸物語』　主な別名：隠神刑部、刑部狸　類似の妖怪：化狸

殿様に謀反を起こした狸の総帥

　隠神刑部狸は、愛媛県に存在したという伝説の化け狸である。彼は狸の軍団を率いて、大名家のお家騒動に介入したという講談で知られている。この古狸は、別名を八百八狸(やおはち)といい、四国に808家ある狸一族の頂点に君臨していた。刑部というのは、この地方の殿様の先祖からもらった地位である。少なくとも1000歳を超えるこの長老は、土地の人間からも尊敬を集めていたほどの偉大な狸なのだ。

　ところが、この事件が起きた時代の殿様は狸たちを尊敬せず、供え物を納めることもなかった。これに反感を持っていた隠神刑部のもとに耳寄りな情報が飛びこんでくる。殿様の部下が反乱を起こそうとしているというのだ。これを知った隠神刑部は、これ幸いと反乱に協力することにしたのである。

　狸に負けてはいられないと、殿様側も助っ人を呼ぶ。その名も稲生武太夫(いのうぶだゆう)といい、妖怪絵巻『稲生物怪録(いのうぶつかいろく)』で数々の怪異を払いのけ、魔王から不思議な小槌をもらった英雄である（➡p186）。武太夫は隠神刑部のところに直談判に行くが、殿様に腹を立てている隠神刑部はまったく聞かず話しあいは決裂。武太夫は謀反人たちを打ち破って隠神刑部を追いつめ、一族ごと洞窟に封じ込めたという。

殿様の側につく物語も

　この話にはさまざまな亜種がある。稲生武太夫が持っていたのが木槌ではなく、九州の神社で授かった杖であったり、そもそも武太夫が登場しないものもある。

　なかには隠神刑部狸が殿様側で、謀反人たちと敵対している場合さえある。このバージョンでは、犬の乳で育てられたため、犬を苦手とする狸の術が効かない謀反側の武士"後藤小源太(ごとうこげんた)"と、おたがいに手出しをしないよう過去に約束していたせいで、狸たちは小源太に手が出せない。それならば、と別の謀反人をこらしめようとするが、逆に狸の悪行であると糾弾され、謀反側を余計に勢いづかせてしまう。

　そしてこのときは、呼ばれてではなく"ふらりと"城下にあらわれた稲生武太夫に対して、彼が謀反側については勝ち目がないと、美女に化けたメス狸を送って骨抜きにしてしまった。だがその後、メス狸の正体を見破った武太夫は激怒、隠神刑部たちを洞窟へと封じ込めてしまうのであった。

後藤小源太くんは、タヌキの天敵、犬のオッパイで育てられた男の子なんです。だからタヌキの術が効かないので、隠神刑部さんは小源太くんを味方につけようとがんばってたみたいですよ〜。

マドカの妖怪種族紹介④ [狸と狐]

妖怪といえば「人間を化かす」ものだと相場が決まっている。なかでも狸と狐の妖怪は、頻繁に人間を「化かす」と信じられていた。余談だが、私が妖怪を研究するのは、妖怪を否定することで、なんでも狸と狐のせいにする日本人を、科学的視点に目覚めさせるためなのだ。

化け狐と化け狸は、狐や狸が長い年月を生きたことで、人間を化かす力を手に入れた妖怪です。このように普通の動物が妖怪化したものを「動物妖怪」と呼ぶことがあります。なかでも狐と狸は、人間に怪現象を見せる「化かす」能力があることで有名でした。そのためふたつの動物の名前をつなげた「狐狸のたぐい」という言葉もあります。

典型的な狐狸の妖怪の姿。芸術表現として、力をつけた動物を表現するため、直立姿勢をとらせたり服を着せることが多い。
右上画像撮影者：Chris 73

現代人である我々は、動物の狸や狐と、化け狸、化け狐などの動物妖怪を明確に区別しますが、江戸時代ごろまでの日本人は、普通の狐狸と妖怪を区別しませんでした。動物には人間の理解を超えた不思議な能力があり、長く生きれば能力が強まって人間を化かすと考えたのです。つまり狐も狸も、生まれながらにして妖怪としての力を備えているというのが当時の日本人の考え方です。狐と狸だけに限らず、「すべての動物が妖怪予備軍だった」といっても過言ではないでしょう。

どうやって「化かす」のか？

狐や狸に、なぜ人間を「化かす」力があると信じられたのかは、わかっていません。日本には動物が人間を化かすには道具が必要だとする伝承が多く、彼らはおもに頭上に木の葉を乗せることで化かす力を発揮します。

これは中国の伝承で「狐は頭の上にガイコツをのせて術を行使する」とされているものが、変質して日本に取り入れられたものと考えられています。

人間に"憑く"狐と狸

狐と狸には、人間に取り憑く力を持った者もいます。人間が狐や狸に取り憑かれた状況のことを「狐憑き」「狸憑き」などと呼んでいます。

狐や狸に憑かれた人は、大量の食事を取るようになるほか、精神が不安定になって奇妙な言動を繰り返したり、汚物を食べる、自傷行為などの奇行を繰り返すようになるため、場合によっては死に至ることもあります。

illustrated by 御童れいじ

笑ったら死んじゃうよ？
笑い女

主な伝承地：高知県　出典：『土佐化物絵本』（19世紀後半）　類似の妖怪：笑い男、針女、けらけら女

その笑い声は災厄をもたらす終末の声

　笑い女はおもに高知県に伝わる妖怪で、夜に深い山へ入ると、げらげらと笑う声が聞こえてくるという怪異だ。ただ単に女性の笑い声が聞こえてくるだけ、突然目の前にあらわれて笑うなど、詳細は話によって異なるが、「山中で女の笑い声がする」という点は一致している。ただ笑われるだけならばよいのだが、笑い声を聞いた者は半死半生になってしまう、笑っている女性につられて笑うと熱病に冒される、つられて笑うと食べられてしまうなど恐ろしい伝承もあり油断できない。

　この伝承は、江戸時代末期から明治時代初期にかけて作られたという妖怪絵巻『土佐化物絵本』に絵と記述があり、地元では「勝賀瀬の赤頭」「本山の白姥」と並び、土佐の三大妖魔のひとつに数えられている。

　ある伝承によると、笑い女は毎月1日、9日、17日に出現するとされている。あるとき樋口関太夫という船奉行がこれを無視し、家来たちを引き連れて山深くまで入っていった。一行は雉を狩ろうと山深くをうろうろと歩き回っていたのだが、100メートルほど離れた場所に突然若い女があらわれ、関太夫を指差して笑いはじめた。その声は次第に大きく高くなり、果てには石や植物、水や風など、関太夫たちの周りにあるすべてのものが大笑いしているかのように笑い声が響いたのだ。

　関太夫と家来たちはあわてて山中から逃げ帰ったのだが、家来たちは山のふもとで気絶してしまい、屋敷まで戻れたのは関太夫のみであった。関太夫は、死ぬまでその笑い声が耳に残って離れなかったという。

笑い男も人の命をおびやかす

　高知県にはほかにも、笑い女と同様に笑い声で人をおどかす、笑い男という妖怪が存在するという。こちらの伝承にも船奉行の樋口が登場するものがあり、笑い女の伝承と内容がよく似ている。山に入るのは同じく樋口関太夫とその家来、山に入ってはいけない日も同じ、遭遇してから逃げ帰るまでの過程までも同じで、違いは笑い女のかわりに15歳ぐらいの男の子が出現する程度だ。ただしこちらの話では、関太夫はほどなく病死したこと、笑い男と遭遇したことを思い出すと、耳のそばで鉄砲を撃つような音が聞こえたなど、細かい違いが見られる。

本山の白姥は「土佐の三大妖魔」だっていうのに、どんな妖怪だったのかという伝承がほとんど残っていまセン。
どのあたりが三大なのか教えてほしいデス……。

肝っ玉より体がビッグなおかあちゃん
七尋女房（ななひろにょうぼう）

主な伝承地：島根県、鳥取県　主な別名：七尋女、七丈女

隠岐島の巨大な岩女

　アジアには「尺貫法（しゃっかんほう）」という、長さや広さ、重さを表示する独特の単位系がある。「尋」というのは成人男性が両手を"ひろげた"ときの長さで、現代の単位だと約1.8mとなる。つまり妖怪「七尋女房」とは、身長が七尋＝12.6mもある巨大な女性の妖怪という意味だ。12.6mといえば4階建てビルの屋上の高さだから、どれだけ大きいのか想像がつくだろう。

　七尋女房の伝承は、中国地方の日本海側、島根県と鳥取県に集中している。伝承の内容はまちまちだが、巨大な女性の姿をした妖怪が岩などの自然物に変わり、それが現在も奇岩（きがん）として残されているという伝承が多い。

　例えば島根県の海上にある隠岐（おき）諸島は海士（あま）町の伝承では、山道に七尋女房があらわれ、道を通る人をおどかしたり、馬をつかんで通行を妨害するなど、さまざまな悪事を働いていたという。この七尋女房は、たまたまそこを通りかかった地元の庄屋に刀で斬られて岩に変わった。この岩「女房ヶ岩」は高さ6m、幅3mもある立派なもので、現在でも年々大きくなっているとまでいわれる。

　ほかにも、道の途中にある岩に人が近づくと、その岩が七尋女房に変わるという、海士町の逆パターンの伝承も多く、七尋女房と岩の関係の強さをうかがわせる。

七尋女房の七変化

　七尋女房の伝説の多くは「身長」が七尋だとするものだ。だがそれ以外にも、別の部分が「七尋」の大きさになっている七尋女房の伝承がある。

　鳥取県には「七尋女」の名前で、首だけが七尋伸びる妖怪が、桜の木の下にあらわれるという伝承がある。なお鳥取県西部の江府（こう）町には「七色樫（かし）」という鳥取県指定天然記念物の樹木があり、これは恋に破れて入水自殺し蛇神となった女性が、土砂で川が埋まったため陸上に避難し、樫の木に変わったものだといわれている。地元では七尋女の正体は、この七色樫ではないかと噂されていた。

　島根県安来（やすき）市の七尋女房は、体も大きいが「着物の長さ」も七尋ある。彼女は夜な夜な衣を引きずりながら、家を回って物乞いをしていたそうだ。彼女には「乙（おと）ご前（ぜん）」というかわいらしい娘がいたという。

鳥取県江府町の七尋女房さんは、下から見上げると大きくなって、上から見下ろすと小さくなって消えてしまうそうです。あれ、これって80ページで聞かせてもらった「見越し入道」と同じではないですか？

illustrated by 田島幸枝

凄腕妖怪美容師（※ただしボウズに限る）
坊主狸
主な伝承地：徳島県　類似の妖怪：化狸

人間の髪の毛を専門的に狙う狸

　狸に化かされる、といえば、どのようなことを想像するだろうか。有名どころでは木の葉をお金に見せかけたり、土をまんじゅうに見せて食べさせたりというところだろう。しかし、狸が変われば化かし方も変わるようだ。この坊主狸は迷惑なことに、化かされた人間を丸坊主にしてしまうという。

　坊主狸は四国の東部、徳島県に住んでいる。徳島県西部のつるぎ町にある藪の近くを人間が通り過ぎると、いつのまにか頭が丸坊主になっている。これが狸のしわざとされたため、犯人の狸を坊主狸、近くの橋を坊主橋と呼ぶようになった。

　人間を丸坊主にする妖怪は狸だけではない。徳島県から瀬戸内海をへだてて北にある岡山県には、人を化かして頭を剃ってしまう狐がおり、坊主狐と呼ばれている。北関東の群馬県でも、養法寺狢というムジナが人間を丸坊主にする。狐、狸、ムジナという、人間を化かすのが得意な3大動物妖怪がそれぞれに人の頭を剃っているのだが、なぜこのような伝承ができたのかは不明である。

ほかにもさまざま、こだわりの化かし

　坊主狸も住んでいる徳島県、旧国名「阿波国」にはたくさんの狸が住んでおり、《阿波の狸の話》という徳島の狸専門書が出版されるほど多くの逸話が残されている。例えば、通行を邪魔する狸だけ選んでもこれだけの種類がある。

　夜、道の真ん中に大きなついたてを立てて通行を邪魔するのが**衝立狸**である。このついたてはとても大きく、進むことができないので普通の人は引き返してしまう。

　蚊帳つり狸は蚊帳を使って通行を邪魔する狸だ。蚊帳とは、寝室などに蚊を避ける目的で吊るされる細かい網状のテントだが、蚊帳つり狸は、これを寝室ではなく道の真ん中にぶら下げるのだ。人間が蚊帳をめくって進もうとすると、そこにはまた蚊帳がある。蚊帳は何枚も何枚も重なっており、進むにも戻るにも、蚊帳のせいで方角がわからなくなってしまうのだ。

　橋に仕掛けをする狸もいる。ひとつしかない橋を3つに見せかけ、偽物の橋を渡ろうとした人間を川に落とすという、まるでテレビのクイズ番組のような手口だ。これは橋の上に石を投げて、水音がするかしないかで見分けられる。

せっかく人間にイタズラできるのに、髪の毛を切るだけっていうんじゃ妖怪としてちょっとさびしいな、もっとすごい化かしをするタヌキは……えっと「首吊り狸」……!?　そ、それはやりすぎだよぉ……!!

illustrated by じんつき

秋葉の妖怪まめちしき① 「伝承なき妖怪」

この本はおもに「妖怪の伝承」を語っているようじゃが、すべての妖怪が伝承を持っているわけではない。世の中には、名前と姿だけあって、能力すら定かでない妖怪が山ほどおるのだ。伝承のない妖怪が生まれる仕組みを説明するとしよう。

伝承なき妖怪は絵師によって作られる

民衆が生活のなかで生み出し語り継いだ妖怪や、権力者が自分の都合でつくりあげた妖怪には、かならずなんらかの物語、伝承があります。伝承のない妖怪とは、妖怪の名前や外見、能力などはあるのに、その妖怪がどのように活動したのかという「物語」が語られない妖怪です。

このような「伝承なき妖怪」は、妖怪の外見さえわかっていれば問題がないという場所で作られます。それは絵画の世界です。妖怪をテーマにした絵画には、それまでの伝承に登場しない絵師オリジナルの妖怪が、特に解説や物語もないまま描かれていることがあるのです。

江戸時代中期の浮世絵師、北尾政美が描いた一つ目小僧。

「伝承なき妖怪」のおもな出身地

室町時代の絵巻物

室町時代には、長期間使われてた物品に意識が宿った妖怪「付喪神」をテーマにした『付喪神絵巻』『百鬼夜行絵巻』などの絵巻物が流行し、絵師の想像力によって生み出された妖怪が、特に解説もないままに作品内に登場しました。

江戸時代の妖怪画集

江戸時代は、版画による印刷技術の発展により、本が庶民の娯楽として売られるようになった時代です。

これらの版画本のなかには妖怪をテーマにしたものが多く、絵師が簡易な解説付きでつぎつぎとオリジナルの妖怪を創作しました。

九州・沖縄の妖怪
福岡・長崎・佐賀・熊本・大分・宮崎・鹿児島・沖縄

illustrated by とんぷう

神社姫

最後は九州と沖縄の妖怪伝承デスネ。特に沖縄の妖怪に力を入れマシタ。たっぷり3本の「沖縄妖怪話」お話ししちゃいマス。
真冬になっても雪が降らない南国沖縄に、どんな妖怪がいるのか知りたいデスか～？

ええっ、冬なのに雪が降らないのですか!?
それでは、一年中ずうっと夏のようなものではないですか。冬ごもりをする必要もないのですね？　そんなに暖かい国に住んでいる妖怪なんて、ぜんぜん想像がつきません……!

主な伝承地：佐賀県　**出典**：『鍋島猫騒動』『佐賀怪猫伝』　**主な別名**：コマ　**類似の妖怪**：化け猫、猫又

はらせぬ恨みをはらす猫

　猫は愛玩動物であり人間の相棒でもあるが、妖怪「猫又」などの化け物に変化する存在でもある。そのため、猫の妖怪に関する民話は、日本各地に伝わっている。

　数ある化け猫の話のなかで特に有名なのが、九州の北西、現在の佐賀県で起きたという「鍋島猫騒動」、別名を「佐賀怪猫伝」という物語だ。この話の主人公は、なんと飼い主を殺した大名、鍋島家に復讐を誓った化け猫なのだ。

　さて、この化け猫の復讐劇に入る前に、まずは実際の歴史を確認しよう。なぜならこの化け猫伝説は、戦国時代から江戸時代にかけて実際に起きたお家騒動を下敷きにしているため、その概要を知っていたほうが理解しやすいからだ。

　かつて現在の佐賀県から長崎県にかけての地域「肥前国」は、もともとは龍造寺家という大名が治めていた。だが藩主が次々と早死にしてしまい、跡継ぎもあまりに若かったので、当時の天下人・豊臣秀吉は、龍造寺家の家臣である鍋島家に肥前国を統治させた。そして跡継ぎの龍造寺高房は、名目上の藩主とした。部下に大名の地位を奪われてしまった龍造寺高房は、江戸で病死したとも、妻とともに自殺したとも伝えられる。21歳の若さであった。

　ここまでが実際の歴史で起きた出来事だ。これから紹介する「鍋島猫騒動」は、龍造寺高房が命を落としたあとの時代を舞台にしたフィクションである。

化け猫軍団vs鍋島家

　鍋島家が佐賀藩を統治しはじめてしばらくのちのこと、龍造寺家の直系の子孫は、龍造寺又一郎という盲目の青年ひとりだけになっていた。又一郎は碁の名人であり、二代目藩主の鍋島光茂としばしば碁で対局していたという。ある日のこと、碁での勝負上の口論から、光茂は又一郎を斬り殺してしまった。そして家臣の小森半左衛門に命じて、又一郎の死体を壁に塗り込んだのである。

　そのころ龍造寺家では、又一郎の妻が夫の帰りを待っていた。すると、かわいがっている黒猫の"コマ"が、又一郎の切り落とされた首をくわえて帰ってきたのだ。すべてを悟った妻は、コマに「自分の血をすすって龍造寺の恨みを晴らしてほしい」と言い残し、自分の胸を刺して自殺した。こうしてコマは、自分を愛してくれた龍造寺家の恨みを晴らすため、鍋島家とその家臣への仇討ちを始めたのだ。

　コマはまず、又一郎を壁に塗り込めた小森半左衛門を狙い、小森の母親を食い殺してすりかわる。だが親孝行者の小森は、すぐ異常に気付きコマを追い払った。

次に藩主の鍋島光茂を直接攻撃して失敗したコマであったが、次におそるべき計画を実行に移す。コマは、光茂の愛人であるお豊に化け、体調を崩した光茂を看病するふりをしながら、長く苦しめようとしたのだ。さらに、コマは自分が育てた多くの化け猫たちを屋敷に呼び込み、女中たちを残らず殺してしまった。そして死体を踊らせたり宙に浮かせるなどの怪現象を起こしたり、鍋島家の統治を嫌う家臣を扇動して反乱を起こさせようとするなど数々の謀略をめぐらせていた。

だがコマにとっての最大の誤算は、最初に襲った小森半左衛門が、出向先から佐賀藩に戻ってきたことであった。小森はただちにお豊に化けていたコマの正体を見破り、この化け猫を退治して、佐賀藩に平和を取り戻したという。

本場佐賀の化け猫は「恨み」とは関係なし

龍造寺の猫騒動には、先述した内容以外にもさまざまなパターンが存在する。化け猫は黒猫でなく七又の尻尾を持つ白猫であった、猫を討ち取ったのが小森ではなく「千布本右衛門」という槍の名手であった、又一郎を斬ったのは2代目藩主ではなく初代藩主の鍋島勝茂であったなど、あげればきりがないほどだ。

なぜこれほど多くのパターンがあるかというと、鍋島猫騒動は歌舞伎や講談、映画などで何度も上演され、脚本に手を加えられているからだ。この猫騒動は佐賀県に実際に伝わっている化け猫伝説を脚色した物語だが、実はもともとの話には「龍造寺家の恨み」という要素はあまり見られない。

その伝説によれば、佐賀藩初代藩主の鍋島勝茂は、兄弟のように育った龍造寺高房が若いうちに死んだことに心を痛め続けていた。老齢になった勝茂が弱っていくのを心配した家臣「千布本右衛門」は、寝ずの番をして勝茂の屋敷を見張っていた。ある日、勝茂の愛人「お豊」が化け猫であることに気付き、得意の槍でお豊をひと突き。お豊は猫の正体をあらわして逃げていった、という内容だ。

とりあえず猫のせいってことで

佐賀藩にこの化け猫伝説が生まれたのは、藩内のトラブルや、鍋島家の後継者争いを隠すため、というのが一般的なものである。

そのなかのひとつに「化け猫騒動は、龍造寺家のスパイ行為を隠蔽するために生まれた」という衝撃的なものがある。佐賀には千布本右衛門が退治した化け猫を供養する「猫塚」という石碑があるのだが、この下に葬られたのは化け猫ではなく、龍造寺家が送り込んだスパイだというのだ。塚に描かれた猫には尻尾が七本あるが、これはスパイが「七代祟る」と言い遺したことに由来するという。スパイを「なかったこと」にして、「鍋島家内部に御家騒動がある」という事実を隠蔽するため、死者を供養するべき塚を「化け猫を葬った塚」と偽装したという意欲的な説である。

> 鍋島さんにおうちを取られてしまった龍造寺さんの子孫はどうなったんでしょうか……あらっ、会津藩に引き取られた？ 会津はたしか福島県ですよね、遠くの大名さんが、いつのまにかご近所さんになってました。

主な伝承地：滋賀県、和歌山県、長崎県　**主な別名**：ダリ、ダル　**類似の妖怪**：餓鬼、餓鬼憑き、ジキトリ

腹を空かせる憑き物妖怪

　山登りなどをしているとき、急に気分が悪くなったり空腹に襲われたことはないだろうか？　もしかしたらそれは、妖怪「ヒダル神」のしわざかもしれない。

　九州をはじめ、おもに西日本に伝承の残るヒダル神は、いわゆる"憑き物"（➡p70）の一種だ。おもに山間部や道の交わる交差点、人が死んだ場所などに出現するという。このヒダル神に憑かれてしまうと、動くことすら困難なほどの空腹に見舞われ、そのまま死んでしまうことまであるという恐ろしい妖怪だ。なお"ヒダル"は「だるい」「ひだるい（ひもじい）」からきた名称だといわれている。

　もしこの妖怪に憑かれたら、食べ物を口に入れるか藪に投げると回復するといわれている。食料がない場合でも、手のひらに指で"米"の文字を書き、それを飲み込んでも効果があるらしい。ヒダル神の伝承が伝わる地域の人々は、ヒダル神対策として、弁当を一口分だけ残したり、余分に持っていったという。

　高知県や長崎県などでは、峠や道の端に"柴折様"と呼ばれる神を祀る祠が点在していて、この祠の前を通るときに"柴を折ってお供え"すれば、ヒダル神に憑かれずにすむといわれていた。

　妖怪ヒダル神の正体は「変死者」「非業の死をとげた人間」といった浮かばれない霊であるとされるほか、山の神や水の神だと伝える地域もある。妖怪研究家の村上健司は、山に出現するヒダル神の正体は「低血糖状態（いわゆるハンガーノック）」「二酸化炭素中毒」などではないかと推測している。

人を襲うヒダル神

　基本的にヒダル神は、人間に取り憑く幽霊のような妖怪だが、滋賀県と三重県の境にある御斎峠には、物質的に人間を襲うヒダル神の伝承がある。その物語によると、朝方に山を通っていた旅人の前に、腹の出た姿をしたヒダル神があらわれて「茶漬けは食べたか？」と質問する。旅人が「食った」と答えると、ヒダル神は襲いかかり旅人の腹を引き裂いて胃に残った米粒を食べるのだという。ちなみにこの御斎峠は、織田信長が暗殺された本能寺の変のあと、徳川家康が領地に逃げ帰るときに通行しており、物理的か憑依かは不明だが、一行がヒダル神に襲われたとされている。

三重県だと、牛がヒダル神に取り憑かれたり、船の上にヒダル神が出るってお話もあるそうです。海でヒダル神に取り憑かれちゃったら大変ですよ、船がこげなくて漂流しちゃいます〜!!

8本以外は妖怪扱い
石距（てながだこ）

主な伝承地：瀬戸内地方　　出典：『和漢三才図会』（1712年　著：寺島良安）、『義残後覚』（1596年）、『塵添壒嚢抄』（1446年　著：釈氏某比丘）、『甲子夜話』（江戸時代後期　著：松浦静山）　類似の妖怪：龍

蛇が変わってタコになる

　日本の食卓でもおなじみの軟体動物「タコ」。日本近海にはさまざまな種類のタコがいるが、江戸時代の人々は、タコのなかには蛇が変身したものがいると考えていた。それが江戸時代中期に書かれた百科事典『和漢三才図会』に登場する妖怪「石距」。見慣れない漢字だが、これで「テナガダコ」と読む。

　『和漢三才図会』以外にも、蛇がタコに変化するという伝説はたくさん存在する。その内容のほとんどは、多少の違いはあるが「海中に入った蛇の尻尾が裂けて、8本の足になる」というものである。1596年に書かれた『義残後覚』という本には「水中を泳いでいた体長2～3mほどの大蛇の体が、途中から縦に裂けて8本の足のようになり、タコに変化した」という話が書かれている。また、江戸時代後期に書かれた随筆『甲子夜話』には、海を泳いでいた蛇の尾が石にぶつかり、尾が8つに裂けた、という話がある。

　これらの物語のタコは、現代人の目線で見ると、「蛇がタコに変わった」のではなく「蛇の尾が裂け、タコのような見た目になった」だけのように思える。しかし「海に落ちた蛇を引き上げてみたらタコに変わっていた」という言い伝えや、「足の本数が多いタコや少ないタコは蛇の化けたものである」という俗説もある。蛇がタコに変化するという怪異は、日本中で少なからず信じられていたようだ。

蛇の変身先はタコだけではない

　蛇はタコ以外の動物に変化することもある。1500年代前半（戦国時代中期）に書かれた『塵添壒嚢抄』によれば、蛇が鰻に変化することもあるという。

　蛇が変化すると言われる妖怪で、おそらくもっとも有名なのは「龍」だろう。長く生きた蛇が神性を手にいれて龍になる、という伝承は、中国や日本で古くから語られている。また日本では、そもそも蛇と龍を混同する資料が多く「蛇＝龍」と考えることも少なくなかった。

　このように蛇が別の生き物に変身する伝承が多いのは、蛇が「脱皮」をする生物だからだと思われる。蛇が古い皮を脱ぎ捨てるときに、姿も大きく変わるのではないかと連想された結果、タコやウナギに変身する伝承が生まれたのだろう。

ちなみに妖怪じゃないタコの品種にも「テナガタコ」というのがいますネ。おいしいんだけどすぐ品質が落ちるのでスーパーでは買えまセン。食べたければ港へGO！　デスよ！

illustrated by 冬和こたつ

南のカッパは海をも越える
ケンムン

主な伝承地：鹿児島県奄美大島　出典：「絵本三国妖婦伝」（1804年　著：高井蘭山）など
主な別名：ケンモン、クンムン、クンム、ネブザワ　類似の妖怪：河童、キジムナー、イッシャ

奄美の島はケンムン天国

　川の妖怪の代表格である河童は、日本全国に類似の妖怪がさまざまな名前で分布している。だが、九州と沖縄のあいだにある奄美大島に住む「ケンムン」は、カッパに近いものの、かなり個性的な性質を持つ妖怪だ。

　ケンムンの外見は、顔は犬、猫、猿に近く、髪の毛は赤く、おかっぱの髪型にしている。河童の最大の特徴である頭の皿は、ある者もない者もいる。体は赤い肌や体毛のある肌で描かれることが多い。また、足が非常に長いという特徴がある。ケンムンは両膝を立てて体育座りのように座ることが多いのだが、足が長いため、座ると頭よりも膝の位置のほうが高くなるという。

　カタツムリやナメクジが好物だというのも、キュウリが好きな河童とは一線を画している。また、ケンムンには指先に火をともす、よだれが光ると言われており、夜にケンムンが集団で歩くと、まるで空中に無数の炎が浮いているように見えるそうだ。

　このように姿形や能力の面で河童と大きな違いがあるケンムンだが、両腕がつながっていて片腕をひっぱるともう片腕が引っ込む、相撲が好き、などの河童ならではの特徴も備えており、本土の河童とのつながりをうかがわせる。

そのケンムンは、今もまだいるんです

　妖怪の実在を信じる人は、明治時代以降急速に少なくなっている。だがケンムンは、比較的最近まで目撃証言があり、今でもその存在を信じる人が多い妖怪だ。その例として、第二次世界大戦後に日本を占領した「GHQ」の最高司令官、ダグラス・マッカーサーの関わるエピソードを紹介しよう。

　GHQから奄美大島の住民に、奄美の森を伐採する命令が下った。収容施設を作るためである。奄美のガジュマルの木に住むというケンムンの祟りを恐れた島民たちは、「これはマッカーサーの命令だ」と叫びながら伐採したのだという。

　森がなくなると同時にケンムンの噂は途絶えていたが、1964年にマッカーサーが老衰で死去、ケンムンはしばらくすると奄美大島でふたたび目撃されるようになった。過去の出来事を覚えていた人たちは、きっとケンムンはマッカーサーへ仕返しするためにアメリカへ渡り、用が済んだから帰ってきたのだろう、と噂しあったという。

奄美では、「ケンムンがタクシーに乗ってきた」なんてお話が今でも聞けるそうですよ。クダ以外にもタクシーにのる妖怪なんていたんですねえ、まあ私は先生の筒に引っ込むので「ただ乗り」ですけど（えっへん）。

死者の念受けガンと化す
龕(がん)の精(せい)

主な伝承地：沖縄県　　主な別名：龕のマジムン　　類似の妖怪：付喪神

牛に赤子に大変身

　人間が使う物には念がこもりやすい。特に死者にまつわる物には、生者と死者の強い思いがこもる。これは日本本土とは異なる文化を持つ沖縄でも変わらない。沖縄には、本土でいう「棺桶」が妖怪になる伝承が語り継がれている。

　棺桶の妖怪は「龕の精」「龕のマジムン」という。マジムンとは、沖縄の言葉で妖怪という意味だ。ちなみに龕とは、棺桶を入れてかつぐ御輿のようなもので、本土の仏具と違って鮮やかな朱色で塗られ、仏画や彫刻で飾られている。龕の精の特技は牛、馬、人間などに変身することだ。変身は多くの場合夜に行われ、人間をおどかす。そして夜が明けるころには龕の姿に戻っているのだ。

復元された龕。宮古島市総合博物館蔵。

　例えば、家の外から呼びかけ、人間が出てきたところに牛の姿で突進する。男は牛と一晩中格闘して押さえつけるのだが、朝になって見ると、牛だと思ったのは壊れた古い龕だったという伝承がある。ほかの話では、まず女の姿になって夫婦に赤ん坊を預け、次に牛になって襲ってきたが、夫に押さえつけられるとやはり龕の正体をあらわした。赤ん坊は、燈火で照らすと白木の位牌になったという。

　龕の部品も変身して人間を惑わすという。夜中にニワトリを売りに着た者がいたので、購入して翌朝ニワトリを見ると、龕にとりつける木彫りの鳥になっていた。その後、この地域では夜にニワトリを買ってはいけないといわれている。

化けさせないための工夫いろいろ

　龕の扱いや葬式にはさまざまな取り決めや言い伝えがある。龕は村の共有物で、年に1度は龕祝いを行い、宴会を開いて供養したという。ほか、葬式が終わって龕をしまうときには、悪口を言いながらしまわないと、龕の精がまた人を連れに出てきてしまうという。また、古くなった龕や棺桶の板はそのままにしておくと化け物になるので、十分に供養したあとに焼かなければならない。

> お葬式のときに龕を見つけても、指差しちゃダメデスよ？　放っておくとその指がプッツリ切れちゃいますから、おまじないで回避してクダサイ。指をくわえてその場で7回くるくる回ればOKデス。

九州・沖縄の妖怪

illustrated by 煮たか

文字書くだけであの子をGET！
アカマター

主な伝承地：沖縄県　主な別名：アカマタ、斑蛇　類似の妖怪：クロマター、シロマター

琉球いちの女たらし

　沖縄県の蛇と言えば、もっとも有名なのは猛毒を持つ「ハブ」だが、ほかにも「アカマター」という蛇がいる。この蛇は、赤と黒のまだら模様で、畑から森林まで広い範囲に生息している無毒な蛇である。だが沖縄本島の東側、山原(ヤンバル)地方の伝承によれば、アカマターは下手な毒蛇よりやっかいな存在だ。アカマターは美しい男性に化けて女性を襲い、ときには殺してしまうこともあるのだ。

　アカマターは妖術に長け、尻尾で地面に文字を描いて人を化かす。文字を書くときに女性の尿が必要なので、アカマターは道端で用を足した女性を狙って幻術にかけるのだという。幻術にかかった女性は、アカマターが魅力的な人間の男性に見えるようになってしまうのだ。そのため沖縄には、道で用を足してしまったばかりに、美男子に化けたアカマターとまぐわうはめになったり、その子供を妊娠させられてしまったり、アカマターと逢い引きをするために木の下でずっと待ちぼうけをするはめになったり、という話がいくつも残っている。

　このため沖縄には、アカマターに妖術をかけられないようにするため、道で用をたしたあとは、足で尿を踏み消す、もしくは尿に唾を3回吐きかける風習がある。また、もしもアカマターにあやつられてしまっても、地面に書かれた文字さえ消してしまえば、幻覚はたちまち打ち消されるという。ちなみにこの文字はアカマター以外が書いても効果があるらしい。ある男がアカマターの書いた文字を写し取り、女性の尿で地面に書いてみたところ、女性をあやつることに成功したという。

ひな祭りにはきれいな身体に？

　沖縄には、3月3日の桃の節句に、女性が浜辺で身を清める「浜下り(はまうり)」という伝統行事がある。実はこの習慣ができた理由に、アカマターが関わっている。アカマターによって妊娠させられた女性は、浜辺に下り白砂を踏むことで、アタマターの子供を堕ろし、清らかな状態に戻れると信じられていた。この伝承の名残が、現在の浜下りという行事になっているのだという。

　また、この話とは反対に、女性が浜下りをすることで、アカマターの妖術から身を守ることができる、とされている場合もある。

ケンムンもアカマターも「ガジュマル」って木の下に出ることが多いそうなのですけど、why？　なんでガジュマルがそんなに人気デスか？
……OK、本土で柳の下にユーレーが出るようなものデスね。

秋葉の妖怪まめちしき②　「妖怪は現在でも生まれている」

そなたら、妖怪が「科学的に否定された」「もう妖怪はどこにもいない」などと思ってはおらんか？　そう思うなら13ページを読み直してくるといい。該当する「現代の妖怪」が見つかるであろう。妖怪という存在は、今でも生まれ続けている現役の文化なのじゃ。

　この本で取りあげている妖怪は、そのほとんどが自然現象や災害、迷信、偏見や差別、言い伝え、物語、事件や出来事などの何らかの由来から「昔の人たちに作られ生まれた概念」です。
　現代では、こういった古典的な妖怪は「迷信」として明確に否定されつつあります。ですが科学という怪異の天敵を向こうに回しつつも、妖怪は今なお生まれ続けているのです。例えばマスクで隠した口が耳元まで裂けている「口裂け女」や、学校のトイレに住む「トイレの花子さん」などがあげられます。こういった、人々のあいだでまことしやかに語られる不思議な物語を「都市伝説」といいます。そこに登場する不思議な怪物は、あえて言えば「現代妖怪」とでも呼ぶべき存在でしょう。現代の都市伝説は、人間の恐怖心を煽る形で作られ、広まっていくので、古い妖怪とは違って「多くが人に害をなす」傾向があります。
　しかし、すべての現代妖怪が危険な存在というわけではありませ。多くの芸能人が見たと証言している、小人のような「小さいおじさん」、人から聞き集めた怖い話を怪談集としてまとめた書籍『新耳袋』(1988年)で複数の人を訪れた、玄関の前で呼び鈴を鳴らし、家の中を覗き込む真っ赤な影「赤い人」、同じく『新耳袋』で複数の目撃証言が紹介された、太平洋戦争末期や、阪神大震災の直後に六甲山や神戸にあらわれたという、頭が牛で身体は人間の「牛女」などは、現代に生まれ、古い妖怪の特徴もあわせもつ存在だといえます。
　文明が進んで正体を見破られ、姿を消したかのように見える妖怪たちですが、彼らは時代に適応するがごとく姿を変え性質を変え、今もあなたのうしろでしぶとく生き残っているのです。

そういえば、儂がクダのところに行くと、いつも柳田がテレビのまわりで「リモコンがない、ない！」とやっておるな。あれは妖怪の仕業ではないのか？　奴の周りには妙に妖怪が集まるようじゃし。

それは柳田がずぼらで、リモコンをきちんと片付けないのが原因だろう……まあ、もし物品の妖怪化が進んでいた室町時代に似たようなことが起きたら、妖怪「リモコン隠し」とでも呼ばれていたかもしれんが。

なるほどなー、マドカ先生の言うことが合ってるなら、世の中によくわかんねーことがあるかぎり、妖怪は生まれ続けるってわけだ。
これからどんな新しい妖怪ができるのか、すげえ気になるぜ！

全国妖怪小事典

ここでいったんティーブレイクにシマショウ。
ノドが乾いちゃいマシタ。
サテ、ここまで44組の妖怪のお話をしましたケド、
日本の妖怪はまだまだたくさんいマス。
ここから先は、ひとつひとつのお話はあっさりにして、
とにかく妖怪をたくさん紹介しようとおもいマス。

こんなにたくさんのお話を
教えていただいたのに、
まだ妖怪がいるんですか？
すごいね河童ちゃん、
私、座敷童子と河童しか
知らなかった。
新しい妖怪のお話、楽しみだね。

……うん、ボクもだよ
（そわそわ）

全国妖怪小事典

この「全国妖怪小事典」では、合計26体の妖怪を、リアルな絵付きで紹介しマスね！ 妖怪の並んでいる順番は、130ページまでと同じく地方順デス。最初のほうが北海道や東北で、最後のほうが九州や沖縄デス！

イペカリオヤシ
北海道

アイヌに伝わる妖怪で、名前の意味はイペ（食べ物）カリ（ねだる）オヤシ（お化け）である。その名のとおり、人間に食べ物をねだるのが特徴で、山野で火を炊きながら、木の根っこに座って弁当を食べている人間の背後から手を出して食べ物をねだる。どれだけ食べ物を渡してもキリがないため、これを退散させるには、差し出された手のひらに焼けた炭や石を乗せてやればよいという。そうすれば「ないならないと、なぜ言ってくれんのですか？」と叫んで逃げ出すのだ。

このように手を出して際限なく食べ物をねだる、という妖怪の伝承は中国にも残されており、こちらでは爆竹を手に乗せて退散させている。その正体は銀杏の木であったという。

つらら女
東北地方

東北地方の豪雪地帯に残る昔話に登場する、つららが女性に化けた妖怪で、東北地方ではシガマ（つららのこと）女房ともいう。この物語は詳細が異なることもあるが、多くの場合はいわゆる「異類婚姻譚」である。

家の軒先にできたつららをノコギリで切っていた独身の男性が、つららを見て「このつららのように美しい妻が欲しいものだ」と嘆く。その願いがつうじたのか、その日の夜、つららが美しい女性となって男の家を訪ね、妻にしてくれるよう願ったのだ。男は承知して、ふたりは晴れて夫婦となった。ところが、妻はなぜか風呂に入るのを嫌がる。男が無理に勧めて入浴させたところ、湯船には櫛やつららの欠片が浮かぶばかりであった。

倉ぼっこ
岩手県

妖怪の里、岩手県遠野市（→p141）に伝わる妖怪で"蔵わらし"とも呼ばれる。

見た目は子供のようで、全身が長い頭髪に包まれている。座敷わらしの仲間と考えられており、倉ぼっこがいなくなると家が徐々に衰退してしまうと言われている。

遠野の村平という家にいた倉ぼっこの話があり、倉の中に籾殻などを撒き散らしておくと、その上に点々と小さな子供の足あとがあらわれたという。のちに倉ぼっこの姿が見られなくなり、その家は衰退していった。

ほかにも、倉ぼっこのいる土蔵では、それが姿を現したいときに、中にいる人に便意を催させ、外へと追い払うと伝えられる。また、火災を防ぐ力も持っているという。

提灯小僧
宮城県、東京都？

仙台の城下町に出没したという妖怪。雨の降る夜に提灯を下げて歩いていると、うしろから小さな提灯を下げた小僧がついてくる。その顔は真っ赤な色をしており、ホオズキのように赤い、とたとえられる。その小僧は、気が付かぬうちに姿を消してしまうという。

また、東京都の墨田区にも提灯小僧の話が伝わっており、同じように夜道を歩いていると、うしろから小田原提灯（折りたためる提灯）のみが現われ、追いかけると消え、振り返るとうしろに出現するといった具合に、前後左右と自在に姿をあらわす。

こちらの提灯小僧の伝承は、本所七不思議に挙げられている「送り提灯」と同じものではないか、と考えられている。

弥三郎婆
山形県、福島県、新潟県、静岡県

山形県を中心に言い伝えられている山姥の仲間。その内容は千疋狼（→p82）と非常に似ていて、夜道で狼や怪物に襲われた若者が、最終的に怪物の腕を切り落としてそれらを退散させる。そして残された腕を家に持ち帰ったところ、母親に化けていた鬼婆（弥三郎婆）が「それは俺の腕だ」と叫び、腕をひったくって家から逃げていく、というものだ。

同じく山形県には"渡会弥三郎"という武士の母親が鬼となってしまい、その腕を切り落とす、という話が残されている。弥三郎婆伝説はおそらく、小池婆のような猫や狼の怪異と、山形に残る山姥の伝説が混じりあい、その結果として生まれた妖怪なのであろうと考えられている。

猩々（しょうじょう）

岩手県・埼玉県

　各地方の昔話にその名を見られる妖怪で、髪の毛は赤く、酒を好むという猿に似た妖怪。
　猩々はその見た目とは裏腹に、ごく一部を除いて海に出没している。富山県では、海に浮かぶ船に上がってきてはその舳先（へさき）に腰掛けるという。これに驚くと船がひっくり返されてしまうので、船乗りは決して騒がず、黙ってやり過ごすそうだ。
　山口県では、夜に船で沖に出ると海底から「樽（たる）をくれ」という声が聞こえる。応じないと祟られるため、そのときは底を抜いた樽を海に投げ込むのだ。なお、この猩々には"樽の底を抜いておかないと水を入れられて船が沈没してしまう"という、ひしゃくで船に水を入れる妖怪"船幽霊（ふなゆうれい）"と同じ特徴がある。

獏（ばく）

関東地方

　悪夢を食べるとされる存在で、妖怪というよりは、伝説や伝承における想像上の動物を指す"幻獣"である。獏は中国由来の幻獣であり、邪気を払うものとされていた。日本の獏は、その知識が日本に輸入されたときに悪夢を払う、つまり食べてしまうと解釈された結果として生まれた存在といわれている。
　中国の古書『本草綱目（ほんぞうこうもく）』によれば、頭は小さく足は短く、顔には象の鼻とサイの目、尻尾は牛、足は虎に似たものを持ち、大きさは熊ほどであるという。
　江戸時代には、お正月の初夢にさいして宝船の絵を枕の下に入れる風習があり、その図に獏の絵や字を加えるとさらによい夢が見られると信じられていた。

赤エイの魚（あかエイのうお）

千葉県

　江戸時代後期の奇談集『絵本百物語』には、島ほどもあるという巨大な赤エイが登場する奇妙な話が収録されている。
　安房国（あわのくに）（現在の千葉県）の船乗りたちが暴風雨を受けて漂流、その最中に見つけた島に上陸するのだが、それは全長12km以上もある巨大な赤エイだった。赤エイは背中に砂がたまると、これを落とそうと海上に浮かんでくるのだが、目的を果たして沈むときに船を寄せると、大波で船が壊れてしまうという。
　北海道には「オキナ」という似た性質を持つ巨大魚の伝説があり、その大きさはクジラをも飲み込んでしまうほどだ。3つの大きな島のような姿で現れるとされるが、オキナの全体を見た者はいないという。

金玉
東京都、千葉県、静岡県

　うなるような音を立てて落ちてくるとも、夜道で運がいい人の足元にコロコロと転がってくるとも言われている、関わった人々に金運をもたらす怪異である。

　地域によってそのあらわれ方はさまざまであるが、すべてに共通しているのは、金玉の落ちてきた、あるいは手に入れて金玉を飾った家は、かならず大金持ちになるという点だ。ただし家に飾る場合は、粗末に扱うと逆に祟られ、一代で家を絶やしてしまう。

　日本の妖怪漫画の第一人者である水木しげるは、幼少のころに「金玉」らしきものを目撃したという。地震が起きたときにふと空を見上げたところ、光る大きな十円玉のようなものが空を飛んで行ったと語っている。

袖引小僧
埼玉県

　埼玉県に伝承の残る妖怪。人が夜道を歩いていると、うしろからクイクイと袖をひっぱる。引っ張られた人間が何事かと振り向いても、そこにはなにもない。気のせいかとそのまま歩き出すと、また同じように袖を引かれるのだ。同じことが同じ場所で何度も起きたため、誰ともなくこれは袖引小僧という妖怪の仕業である、と噂されるようになった。

　袖をひっぱるという、他愛のないイタズラをするだけの妖怪だが、その姿を誰にも見せていないため、"小僧"という名前ではあるが、外見はまったくわかっていない。

　なお、漫画家の水木しげるは、袖引小僧の姿を黒く小さな身体に、丸い坊主頭と丸い目鼻を付けた小人のように描いている。

禰々子
関東地方

　関東地方を北から南に、群馬県、茨城県、千葉県を流れる利根川に住んでいたと伝わる"メスの河童"である。利根川の流域を転々と移り住んでおり、住み着いた場所にはかならず災いが起きたという。

　茨城県にある、川奉行の末裔である加納家には禰々子の像が祀られていて、次のような伝承がある。利根の禰々子といえば子分を従えた河童親分で、機嫌が悪くなれば堤防を崩して田畑を水浸しにする、牛馬や人を川に引きずり込んで殺す、とやりたい放題だった。しかし、加納家の先祖が禰々子を生け捕りにし、二度と悪さをしないと約束させて放してやったという。今の加納家の禰々子像は、縁結びや安産などにご利益があるとされている。

八束脛
群馬県

　八束脛は、現在の群馬県富岡市周辺に住んでいた、羊太夫という豪族に仕えていた妖怪である。彼は脛が手のひら8個分もの長さという大男で、馬よりも早く走る、空を飛ぶなどの能力を持っていたという。

　羊太夫は、八束脛の馬に乗って空を飛び奈良の都へと通っていた。だがある日、羊大夫は昼寝をしている八束脛の足に、トンビの羽根のようなものが生えているのを見つけ、抜いてしまう。この些細ないたずらで八束脛は神通力を失ってしまい、さらには顔を見せなくなったことを怪しんだ朝廷に謀反を疑われ、部下もろとも攻め滅ぼされてしまった。

　群馬県の別地方では、八束脛さまという、同じ特徴の足を持つ大男の伝承が残っている。

鬼熊
長野県

　長く生きた動物が妖怪に変化する、という俗信は、化け猫や化け狐（➡p105）の伝承のとおりだが、長野県では歳を重ねた熊は、鬼熊という妖怪に変化するのだと伝わる。

　鬼熊は夜中に行動し、村を襲っては牛や馬を取って食べてしまうという、恐ろしい妖怪だ。熊以上に力が強く、猿を手で押しただけで殺してしまう、人間が何十人がかりでも動かせない巨大な石を、片手でいとも軽々と投げ飛ばせるほどだったという。

　この鬼熊を猟師が仕留めという記録があり、その皮を剥いで広げてみたところ、タタミ6畳分以上もの大きさであった。

　なお、東北地方では動物から変化した妖怪を「経立」と言い、犬の経立などと呼んだ。

両面宿儺
岐阜県

　飛騨国（岐阜県北部）に住んでいたという妖怪。その外見は人間とほぼ同じであるが、頭には顔がふたつ両面に付いており、手が4本、足が4本生えているという異形である。非常に力が強く、戦いには両手に剣を、残りの2本の手に弓矢を持って臨んだ。また、4本の足で非常にすばやく走ったという。

　伝承には諸説あり、人里に出ては略奪をくり返していた鬼であったとも、毒竜を退治した英雄であるとも、五穀豊穣を祈るために現れた神であったとも伝えられている。

　この妖怪の元になった人物は、かつて飛騨周辺を治めていた、宿儺という豪族であるという。朝廷の敵を異形の者とする伝承は土蜘蛛など、ほかの伝説でもよく見られる。

馬魔（ぎば）
岐阜県

蛤女房（はまぐりにょうぼう）
長野県以西、山形県

　その昔、路上で突然馬が倒れてしまう怪異は、馬魔という妖怪が馬の鼻から入って尻の穴から抜け出るものと考えられた。この妖怪に襲われた馬は、口から尻にかけて、太い棒を差し込んだような穴が空いているという。

　目に見える姿で現れる馬魔もおり、それは赤い着物を着たお姫様のような姿をしている。玉虫色の小馬に乗って空中から出現し、ヒラヒラと馬の前に舞い降りると、馬の顔に組み付いてにっこりと笑う。するとその女はたちまち消え失せ、馬はその場でくるくると回って倒れてしまうという。

　この妖怪から馬を守るには、馬の耳を少し切って血を出す、馬の首を布で覆う、虫のアブを避けるための腹当てをすればよいという。

　人間と人間に化けた"モノ"が結婚する「異類婚姻譚（いるいこんいんたん）」のひとつに、"貝の蛤"が女性となり人間と結婚するという『鶴の恩返し』の蛤版とでもいうべき物語がある。

　この物語は、漁師が逃がした蛤が女性となって漁師と結婚し、しかしささいなことからケンカとなり女房は家を出ていき、蛤に戻って海へ戻っていく、というものだ。

　この物語の類話に、少し変わった展開をするものがある。女房は料理がうまく、特に味噌汁が絶品だったが、料理をしているところを見せなかった。しかし、漁師が好奇心から女房の調理姿を見てしまったところ女房は、鍋の中に排尿していたのだ。男は怒って女房を追い出してしまったという。

バレロンの化け物
新潟県

　新潟県には「バレロンの化け物」という、少し変わった名前の妖怪が伝わる。現在の新潟市秋葉区（あきはく）に残る物語によれば、夜に八幡宮へお参りに行った村人の背中に「バレロン、バレロン」という声とともにおぶさり、頭をかじったという。

　それを聞いた村の若者たちは刀を持ち、さらに頭には兜代わりのすり鉢を被って妖怪退治に出向く。多くの村人がいるにもかかわらず、バレロンの化け物は姿をあらわして頭をかじろうとした。しかし、すり鉢のせいで文字どおりまったく歯が立たない。大格闘の末、化け物にとどめを刺した村人たちが死体を村へと引きずって帰り、よく見てみたところ、それは大きな蜘蛛（くも）であったという。

宇治の橋姫
京都府、日本各地

　橋のたもとには女性の姿をした「橋姫」という妖怪がいるという。各地に伝承が残る存在で、境界や道を守る道祖神に似た性質を持ち、橋を守ると同時に、それを渡ってくる外敵の侵入を防ぐとされている。

　橋姫で有名なのは、京都の宇治橋に伝わる「宇治の橋姫」だ。男に裏切られた女性が、宇治川に七日七晩身を浸し、生きながら鬼となった。そして男を殺し、一族までも根絶やしにした。その怨霊を鎮めるため、人々は鬼を宇治橋に、橋姫として祀ったのだという。

　なお、この宇治の橋姫を渡辺綱（→p164）と結びつける物語もある。それによれば綱が一条戻り橋で遭遇し、腕を切り裂いた鬼は宇治の橋姫なのだとされている。

野槌
奈良県、徳島県

　蛇のような外見をしているが、頭に口が付いている以外は何もなく、頭から尻尾までにかけて同じ太さをしており、それが持ち手のない鎚（ハンマー）に似ていることからその名が付けられた妖怪。昭和40年代にブームとなった、"ツチノコ"の名前の元でもある。

　この妖怪は深い山の木の穴に住みつき、人を見れば坂をすばやく転がり下りて、その足に噛みつくという。ただし、坂を登るのは非常に遅いため、高い所へ逃げれば野槌は追って来れないとされている。

　その名前は古くから伝わっており『古事記』『日本書紀』にはカヤノヒメという女神の別名として「野槌」という名が出てくる。だが、女神と妖怪との関係性は定かではない。

おさん狐
西日本全域

　西日本における「化け狐」の総称である。特に中国地方に多くの伝承が残っており、美しい女に化けて男をそそのかすという。

　鳥取県に住んでいたおさん狐も、ほかの多くの伝承と同じく、しばしば男をたぶらかしていたのだが、ある日美女の姿のまま捕らえられ、火にあぶられて正体を暴かれた。この狐は二度と悪さをしないことと、この地を去ることを条件に解放された。

　広島県広島市のおさん狐は、人に危害を加えない、京参りや伏見参りをするなど、地元人に愛された風格のある狐であった。さらに、この広島のおさん狐の子孫と言われる狐は終戦ごろまで生きていたといわれ、現在では丸子山不動院の小さな祠に祀られている。

パタパタ
和歌山県、広島県、山口県

深夜に大きな音を出す妖怪で、地域によってはバタバタ、畳叩きなどとも呼ばれる。

広島県に伝わる伝承では、冬の季節、夜になると"パタパタ"と、杖で畳を叩くような音が庭や空中から聞こえてきたという。この音の正体を突きとめようとしたが、いくら音のするほうへいってもまったく近づけず正体はわからなかった。

ある伝承では、この怪異の原因は「触ると災いが起きる石の精の仕業」とされ、その石を「バタバタ石」と呼んでいた。ほかにも、狸や狐の仕業だとする伝承もある。

岩手県や高知県でも同じように、大きな団扇を激しく扇いだような音が一晩中鳴り続けたという伝承が残っている。

トウビョウ
四国・中国地方

四国・中国地方における、いわゆる憑き物の一種。トンベ神、トンボ神とも呼ばれ、「当廟」「土瓶神」という漢字が当てられる。

その正体は10cm程度の非常に小さな、首に金色の輪が付いた蛇であるとされ、これを飼うと飼い主は金持ちになる。また、使役すれば他人に災いをもたらすこともできるという、管狐（→p70）に似た性質を持っている。

トウビョウを持つ家は「トンボ神持ち」と呼ばれ、家人は他人の目に付かない場所でひっそりと蛇を飼育しているのだという。

岡山県笠岡市では、トウビョウの祟りを避けるため「道通様」と呼び祀っている。同市にある道通神社には、今でもたくさんの蛇の石像と、道通様の小さな祠が置かれている。

嘗女
徳島県

江戸時代の絵本読本『絵本小夜時雨』に収録されている奇談に登場する女で、妖怪というよりは奇妙な癖を持つ「奇人」の類である。

『絵本小夜時雨』に書かれたところによると、安房国（現在の徳島県）に住む富豪の家に娘がいた。大変器量がよいと評判であったが、この娘には奇妙な癖があった。理由はよくわからないが、とにかく男の身体をやたらと舐め回したがるのだ。

ある日、その美貌に惹かれた若者が、娘の家に婿入りした。そしていざ夜をともにしたところ、やはり娘は男の身体を舐め回しはじめた。その舌はざらざらとして猫の舌のような感触であったという。それ以来、この娘は「猫娘」と呼ばれるようになった。

傘さし狸
徳島県

　茂林寺の釜（→p42）に代表される、狸が化けて人をだます怪異の一種とされており、徳島県三好郡池田町（現在の三好市）にその伝承が残っている。

　池田町から細野峠を越えて、白地渡しへ出る旧伊予街道の馬谷にいたもので、雨の降る夕方になると、傘をさした人が現れ、そこを通る人に向かって手招きをするという。特に道中で雨に降られた、雨具を持っていない人を狙って現れるとされており、その手招きについついつられて傘に入れてもらうと、傘を持った怪異は本性をあらわし、とんでもないところへと連れ回されてしまう。

　狸が化けて人をだますという怪異は、このように具体的な地名も残る場合が多い。

雷獣
大分県

　雷が落ちるときに、それと一緒に地上へと駆け下りてくるという妖怪。雷獣が落ちたところには、その爪跡が落雷した立ち木に残っているとされている。

　見た目の特徴は文献によってまちまちだが、それらをまとめるとおおよそ60cmの子犬、または狸のような姿に尻尾が生えており、鋭い爪を持つ動物であるようだ。また、新潟県にある西生寺には、寺の宝として雷獣のミイラが保管されており、一般公開されている。

　九州の戦国武将「立花道雪」は、落雷を斬り裂いたという伝説を持つが、実はこのとき切り裂いたのは、雷ではなく雷獣だったという伝説も残されている。

神社姫
長崎県、佐賀県

　江戸時代の筆記『我衣』にその名が残されている妖怪。約6メートルの大きさの魚で、人間の頭と顔を持ち、額には2本の角が生えていたという、おそらく人魚の一種である。

　この妖怪は1819年4月19日に肥後国（現在の長崎県から佐賀県）に出現し、見つけた者に向かって「我は竜宮からの使者、神社姫という。これから7年は豊作だが、虎狼痢（疫病のコレラ）が発生する。だが我が姿を描いた絵図を見ればその難を逃れ、さらに長寿を得るだろう」と物々しく語ったという。

　このように「予言をして、自身を描いた絵を持てば難を逃れられる」という妖怪は、富山県のクダベ（件）、熊本県に伝わるアマビエなど、複数存在している。

ようこそ！
"妖怪の里"遠野へ！

これまで北海道から沖縄まで、
全国の妖怪伝承をお話ししてきましたケド、
この「遠野」だって捨てたものじゃありマセン。
遠野にはいろんな妖怪伝承があるのデス。
むしろ妖怪に興味のある人にとって、
遠野は聖地と言っても
言い過ぎじゃないのデスヨ？

ええっ、そうなのですか？
私ってば、
遠野に住んでいるのに、
そんなことも
知らなかったのですね。

……座敷童子ちゃん、
お外、なんかヘン……。

うん？
どうしたの河童ちゃん？
すみませんヤクモ先生、
すこし玄関を見てきますね。

登場!"妖怪研究家"柳田國香

おや、こんな夜中に来客デスカ?
さっきお話しした「夜道怪」のような悪い妖怪だったら心配デスネ……
座敷童子サン、どうしますか?

お屋敷の方がみんないらっしゃいませんから、私が出ませんと……。
うぅ、あの、よろしければ一緒に来ていただけないでしょうか?

こんなところにいたんですか!
しかもびしょぬれじゃないですか!
はやく着替えないと風邪引いちゃいますよ!?

いやーまいったわ〜。河童の淵を見ていたら、水の中に落っこちちゃってね〜。河童にでも足を引っ張られたのかしら?
『遠野物語』に名高い水の里は伊達ではないというところかしらね〜。

『遠野物語』……? なんでしょうかそれは?
この遠野に関係のあるものなのでしょうか?

あら? あなたこの家の座敷童子ね〜?
はじめまして、私、柳田國香よ〜。そこのクダのご主人様で、妖怪研究家をやってるの。
ねぇ、遠野の妖怪が『遠野物語』を知らないなんてもったいないわよ〜?

"妖怪の里"遠野の伝承集『遠野物語』

『遠野物語』は、この遠野の怪奇話をたくさんあつめた物語集よ〜。
私が遠野に来たのも、この『遠野物語』のおかげといっても過言じゃないわ。だって『遠野物語』には、遠野の妖怪伝承が、場所つきで載ってるんだもの〜♪

ええっ、そんなすごい本があるのですか!?
恥ずかしながら、遠野に住んでいるのにそのような本があるとはまったく存じませんでした。ぜひとも読んでみたいです。

『遠野物語』とは?

『遠野物語』は、明治時代後期、1910年に出版された、遠野の地元の不思議な話を集めた物語集です。庶民の暮らしや文化を研究する「民俗学」の父と呼ばれる、柳田國男博士が編集しました。

収録されている物語は全113話あり、続編の『遠野物語拾遺』は299話の物語を収録しています。妖怪の話も多く「妖怪が出現した場所」を明記しているのが特徴です。

今『遠野物語』を読むなら、角川ソフィア文庫の《新版 遠野物語 付・遠野物語拾遺》が、手に入りやすくて値段も手ごろでおすすめよ〜♪

そうだ、せっかく今遠野にいるんじゃないの〜。
本を読むだけじゃなくって、『遠野物語』の妖怪スポットをめぐって、実際に妖怪に会いながら遠野の伝説を知った方がいいと思わない〜?

そうですね、とても魅力的だと思います。
ですが、私は座敷童子なので、このお屋敷を出るわけにはいかないのですよ。
出たら屋敷のみなさんを不幸にしてしまいますので……。

ああ、それならバッチリOKよ〜? 家においておけば、座敷童子がいるのと同じ効果が得られるお守りが4枚あるわ〜。もっとも、効果は1枚1日で切れちゃうけどね。
お守りセット! さあ座敷童子ちゃん、妖怪見物に出発よ〜♥

(連れ出されながら)
ええっ、うわわ、ちょっと待ってください柳田先生!
本当に外に出ても大丈夫なんでしょうか……?

144ページから、まずは「遠野」の里をご紹介!

"妖怪の里"「遠野」を探検しよう!

座敷童子ちゃんも河童ちゃんも、このお屋敷の外に出たことがほとんどないわよね〜? まずはこの「遠野」っていう里が、日本のどこにあるのかから説明するわ〜♪

『遠野物語』の舞台である「遠野」は、日本に実在する地方です。岩手県の中央部、北上山地と呼ばれる山深い場所にある最大の盆地に「遠野市」はあります。

遠野市の広さは800平方km。東京23区よりやや広く、日本最大の湖「琵琶湖」と同じくらいの大きさですが、その80%が山地で、人が住んでいるのは山地に囲まれた盆地の部分です。

遠野地方に足を運ぶには、岩手県中部の交通の要所「花巻(はなまき)」から、JR釜石線で約1時間の行程となります。北上山地をトンネルで越えると、そこが妖怪の里、遠野盆地です。

遠野への窓口「花巻」に行くには、関東からは東北新幹線、西日本なら大阪や福岡から飛行機を使うのが近道デス! 花巻にさえ着いてしまえば、あとは電車で1本デスヨ!

1 天狗森

遠野の人里の真ん中にある小山「天狗森」は、天狗が住む森として地元の人も立ち入りを避ける山でした。明治時代にはここで、村人が天狗に手足をもがれて殺される事件が起きています。

2 マヨヒガの入り口

遠野には、村人が異界の屋敷に迷い込む「マヨヒガ（迷い家）」という伝承があります。伝承のひとつでは、北東部を流れる琴畑川（ことはたがわ）の近くに、マヨヒガの入り口が開いたことを伝えています。（→p151）

遠野妖怪 MAP

3 座敷童子の家

遠野の豊かな農家には、座敷童子がいると信じられていました。遠野市西部の千葉家はそのひとつで、座敷藁子がいたであろう屋敷がそのまま保存されています。

4 カッパ淵

遠野市東部の常堅寺（じょうけんじ）の裏手にある「カッパ淵」は、河童が水浴び中の馬を水中に引きずり込もうとして、逆に水から引きずり出されたという伝承が残る場所です。

5 山女の滝

南東部にある「オガセの滝」には、明治時代、精神を病んで「山女」となった女性を猟師が鉄砲で射殺したのち、猟師が怪現象に会った伝承が残っています。

遠野の山里に妖怪を探す旅

それじゃあ、妖怪探しに出発するわよ～？
といっても、遠野って本当に妖怪の宝庫だから、わざわざ探さなくても、いろんなところを歩いているだけでいくらでも妖怪に会えるんだけどね～。

準備はできましたが……本当に私が外出しても大丈夫なのでしょうか？
お屋敷のみなさんにご迷惑をかけたらと思うと、心配でなりません……。

……うん、大丈夫みたいだよ、座敷童子ちゃん。
座敷童子ちゃんがおうちから離れたら、あのお守りから座敷童子ちゃんのニオイがするようになったもん。

座敷童子ちゃん、カッパちゃん、これプレゼント……日記帳です！
柳田先生は、いつも「おもしろいものを見つけたらメモするのよ～♪」って言ってるのです。どんどん書くといいのですよ♪

妖怪旅日記　1日目
川、水場

　柳田先生によると、遠野は「カッパの町」なんだそうです。水場にはかならず河童ちゃんのお仲間がいましたし、特に「猿ヶ石川」ではたくさん会えましたよ。

遠野のカッパは赤い顔が特徴？

あのね、座敷童子ちゃん……遠野の河童って「顔が赤い」のが普通なんだ。僕だけ全身が緑色だから、仲間じゃないみたいでさびしかったんだけど……ヤクモ先生が「遠野以外では河童の肌は緑色のことが多いデス」って言ってたんだ。
顔が緑色でもヘンじゃなかったんだね、ヤクモ先生のおかげで安心したよ……。

遠野物語58話 〈p145 地図④〉
遠野の河童はイタズラしない

「常堅寺」というお寺の裏手には「河童淵」という水辺がありました。ここでむかし、お馬さんを水のなかに沈めようとした河童さんが、逆に馬と人間に懲らしめられて、二度と悪事をはたらかないと約束したそうです。だから遠野の河童はお行儀がいいんだそうです。

河童ちゃんがよい子なのは、ご先祖様の約束のおかげなんですね。

遠野物語55話 〈p145 地図⑥〉
エッチな河童にご用心！

遠野の西にある松崎地区に「太郎カッパ」というエッチな河童さんがいました。いつも水仕事をしている女の人のお尻をジロジロと見ているんですよ。松崎には「河童が女性を襲って妊娠させた」お話もあるそうですが、太郎カッパさんの仕業じゃないでしょうね!?

遠野は、本当に川が多いのですね。まるで竹ぼうきのように、細い川と水路があちこちに伸びていて、これなら河童ちゃんのお仲間がたくさん住んでいるのも当たり前ですねと思いました。

遠野は、大きな湖が土砂で埋め立てられて、川だらけの陸地になった場所なの。だからこのあたりに住んでたアイヌの人たちは「トー・ヌップ（沼の野原）」って呼んでいたそうよ〜。これが今の「遠野」って地名の語源なんじゃないかしら？

水辺の里の厳しい暮らし

遠野は水が豊かな場所ですが、洪水の被害も多いのデス。用水路を壊してしまう川の神様の怒りを沈めるために、若い夫婦が馬と一緒に身投げして人柱になることもあったそうデス……。『拾遺』28話に紹介されているこの用水路では、今でも毎年夫婦の霊を供養していマスよ！

1日目

妖怪旅日記 2日目
民家

　柳田先生によると、妖怪は人のいるところにあらわれるんだそうです。……ということは、人間の家には妖怪がたくさんいるということですよね、私のように。

家をたずねば座敷童子！
p145 地図③

　わたしたち座敷童子は、人間の住む大きな家にとりつく妖怪です。姿を見ることができるのはその家に住む人だけで、人間の子供のような外見に見えるそうですね。
　座敷童子が住んでいる家はお金持ちになって子孫も繁栄するのですが、座敷童子が去ってしまった家は貧乏になり、ひどいときには一家離散してしまいます。

遠野は東北No.1の座敷童子天国

　座敷童子は遠野だけでなく、東北全土にいる妖怪なのだそうです。ですが、座敷童子の数が一番多いのは、圧倒的にこの遠野だということです。
　21世紀になってから、東北の各地方で「座敷童子がいた伝承がある屋敷」の数を調べてみたら、ほかの地方では地方ごとに1軒〜7、8軒しかいなかったのに、遠野には80人以上の座敷童子の伝承があったのだそうです。しかも座敷童子は、私の住んでいるお屋敷のような立派な立派な古民家にいるらしいのですが、遠野では小学校に住み着いている座敷童子もいるそうで……もうどこにでもいるのですね。

座敷童子の正体は「河童」だった？

ねえねえ座敷童子ちゃん、『遠野物語』を書いた佐々木さんって人が、別の本で座敷童子のなりたちについて解説していたよ。あのね、「座敷童子は、河童が家に住み着いて姿を変えたもの」なんだって。僕も座敷童子ちゃんと一緒におうちに住んでいれば、座敷童子ちゃんとおそろいの格好になれるかな？

遠野物語 69 話
遠野と東北の守り神「オシラサマ」

p145 地図⑦

　遠野の民家には、桑の木の枝で作られた「オシラサマ」という神様の人形があります。この神様は、オスの馬と人間女性の夫婦神で、農業と絹糸づくりの守り神です。人間が真剣に祈ると「お知らせ」という予言をしてくれたり、農作業を手伝ってくれることもあります。
　このオシラサマという神様は、とても悲しい事件で生まれたんだそうです。

　ある農民の娘が、自宅で飼っている馬に恋をして、この馬と結婚すると言い出しました。怒った父親は、娘を説得することが不可能と知ると、「娘を惑わせた」憎き馬を桑の木に吊るし、殺してしまったのです。娘が死んだ馬の首にすがりついて泣くので、父親が怒りのあまり馬の首を斧で叩き切ると、不思議なことに娘は、馬の首に乗って天に昇り、夫婦神オシラサマとして遠野の民を見守るようになったのです。

お馬さんも女の子もかわいそうだよ〜。でも馬と結婚したいなんて、その子も相当変わった子だね。

遠野の人は馬を家族だと思っていますからね。身近さは右の見取り図で家の構造を見ればわかります。

oh、人間と馬が、ひとつ屋根の下デスネ！ きっと遠野の人は、馬を家族のように感じていたはずデス！

国指定重要文化財　旧菊池家住宅　平面図

遠野物語 192 話
もちろん "人をおどかす妖怪" も！

p145 地図⑧

　松本三右衛門という鍛冶師さんの家は、毎晩ガラガラと石が降る被害に悩まされていました。化け狐の仕業だったそうですね。
　ちなみに三右衛門さんの工房は、現代でも「松三鉄工所」として存続しています。

妖怪旅日記　3日目
山岳

家の外に出てはじめて気づいたのですが、遠野は本当に山に囲まれた里ですね。この山々のあちこちで、妖怪と会うことができました。

遠野物語90話　p145 地図①
街の隣に天狗の山

遠野には、人里の近くに天狗の住む山（➡p145）があります。天狗さんは自分の山に無断で入る人を残酷に殺してしまいますが、気に入った人には優しくて、お酒を高く買ったり、お世話になった人に形見をあげたりしたそうですよ。

遠野物語3話、8話　p145 地図⑤⑨
悲しい「山女」の伝説

遠野の女性は、子供を亡くしたり、旦那さんの家になじめずに、心を病んで山に逃げ出し「山女」として妖怪扱いされてしまう人が多かったそうです。猟師さんに撃たれた「佐々木とよ」さん、30年のタイムスリップを体験した「サムトの婆」さんのように、山女さんの伝説がたくさん残っています。

実在した"うば捨て"の風習

「うば捨て山」って昔話を知ってる〜？　実は遠野には、この「うば捨て」の風習が実際にあったわ。60歳になったお年寄りは、高台にある「デンデラ野」っていう場所に連れて行かれるのよ。残酷に思えるでしょうけど、農業ができないお年寄りにご飯を食べさせる余裕は遠野の農村にはないわ。一家全員が飢え死にしないために必要な風習だったのよね。

妖怪旅日記 4日目
境界

妖怪は橋や門、山道の入り口のように「ふたつのものを分ける境目」に出ることが多いようです。柳田先生たち学者さんは、これを「境界」って呼んでいるそうです。

遠野物語63話、64話　p145地図②
お椀をもらえば大金持ち‼　"迷い家"

◀白見山から流れる琴畑川の渓流には、上流から流れてくる生活道具を追ううちに迷い家にたどりつくという伝承があります。

遠野市の北東にある白見山は、きれいな渓流と深い森があるところでした。ここでは山を歩く人が異世界への境界を踏み越えて、無人のお屋敷に迷い込む「迷い家」という怪現象が起きます。迷い家からお椀などをひとつ持ち帰ってくると、その家は大金持ちになれるんだそうですよ。

遠野物語拾遺205話　p145地図⑩
キツネの関所にご用心！

この曲がり角には、狐さんが女の人に化けて、買い物帰りの男性に偽物のお酒とお風呂を勧め、その隙にお土産を盗んだという伝承があります。

ほかにも、狐さんに魚を見せびらかして「取れるものなら取ってみろ」と挑発した大工さんが、肥だめに落とされて死にかけたという話もあります。こんなふうに、狐さんが人間を化かして物を盗む「キツネの関所」が、遠野にはいくつもありましたよ。

柳田先生のおっしゃるとおり、遠野には本当に妖怪が多かったです。それに、今回の旅でお会いした妖怪のお話をぜんぶ記録した『遠野物語』がすごい本だということもわかりました。柳田先生、私『遠野物語』のことをもっと知りたいです！

はいは〜い♪　まっかせて〜♪
妖怪探しを優先したから、私も『遠野物語』のことを話せなくてウズウズしてたのよね〜。もちろんリクエストに応えちゃうわよ〜？

妖怪と民話の宝箱『遠野物語』

遠野が日本一の妖怪の名所になったのは、ただ遠野に妖怪が多かったことだけが理由じゃないわ。豊富な妖怪の話を全国に教えた『遠野物語』という本があったからよ〜。ここからは『遠野物語』のことを紹介するからね〜？

『遠野物語』……全119編の民話集

『遠野物語』は、今から約100年前の1910年に出版された民話集です。岩手県遠野地方の不思議な昔話、体験談などが集められており、妖怪の話も多数収録されています。

出版当初は文学作品として評価されましたが、のちに庶民生活の記録としての価値が注目され、庶民の生活文化を研究する「民族学」の資料として高く評価されました。

この『遠野物語』を書いたのは、優秀な学者として日本政府で働いていた「柳田國男」先生と、新進気鋭の学生作家だった「佐々木喜善」さん。佐々木さんが話して、柳田國男先生が書くコンビプレーで完成したのが『遠野物語』よ〜♪

書き手 柳田國男（やなぎたくにお）

文学と農業行政にくわしい、明治日本政府の高級官僚。日本農業の近代化に努める一方、農民の文化を研究するために民話の収集に注力。民衆の生活と文化を研究する学問「民俗学」の基礎を作りました。

遠野の伝承を語り訊かせる

語り手 佐々木喜善（ささききぜん）

遠野市出身の大学生にして作家。柳田國男に遠野の民話や奇談を聞かせたのち、多くの昔話を収集し、その功績から、有名なグリム童話の編集者にたとえられて「日本のグリム」と呼ばれました。

『遠野物語』はここがすごい！

『遠野物語』の前にも、妖怪の伝承が書かれている文献はあったわ〜。でもねぇ、『遠野物語』は、そういった文献のなかでも特別なのよ〜♪一般庶民のナマの声で、たくさん妖怪話が語られているんですもの〜！

すごい！① 妖怪の「民話」が山盛りよ〜！

『遠野物語』と、その続編である『遠野物語拾遺』の物語は、遠野地方の農民や猟師、職人などが、地元の怪奇現象や妖怪を語ったものです。それまでの妖怪説話集は、貴族の著作だったり、地域を無視しておもしろい話をまとめたものが多く、一地方の庶民が語った妖怪伝承が大量に書かれた文献は非常に少なかったのです。

『遠野物語』『遠野物語拾遺』の妖怪伝説の数（種族別）

山男、山女：30編
『遠野物語』他でもっとも多い妖怪伝承は、山中に住む人間形の妖怪である山男と山女です。

座敷童子：7編
東北地方に特に多い妖怪である座敷童子の話は、2冊に合計7編収録されています。

河童：6編
顔の色が赤いなど、よその河童とひと味違う遠野独特の河童の伝承は、計6編掲載されています。

天狗：5編
山深い遠野は「天狗の形見」だとされる物品が伝わるなど、天狗と縁深い土地です。

山の霊異：18編
山のなかで起きた怪現象が18編と非常に多いのも、山に囲まれた盆地の遠野ならではです。

すごい！② 妖怪だけじゃなく、人の暮らしが見えるわ〜♪

『遠野物語』の話は、一般的な昔話と同じように「昔々あるところに」と曖昧な舞台設定の話がある一方で、伝承の主役が実在人物だと確認できるもの、現在（明治時代）に体験された怪奇現象の逸話などがたくさんあります。そのため『遠野物語』を読めば、遠野の里の人間関係、家の歴史、人々の信仰などを生で知ることができるのです。

『遠野物語』でわかる情報

・妖怪がどのくらい実在を信じられていたか
・各時代の遠野の信仰と文化
・各時代の生活スタイル
・農家の盛衰と人間関係
・津波や洪水など天災の歴史

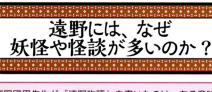

遠野には、なぜ妖怪や怪談が多いのか？

柳田國男先生が『遠野物語』を書いたのは、ある意味妖怪のおかげよね〜♪　先生は農学者でね、民衆の暮らしをよくするために、民衆の生活と文化を研究していた。先生が33歳のころ、学生だった佐々木喜善さんから遠野の民話や妖怪話を聞いて「これはおもしろい研究対象だ」と目をつけたわけ。それじゃ、なんで遠野にそんなに妖怪が多いのかっていうと……いくつかの原因が、相乗効果でパワーアップした結果みたいなのよね〜。

近代化が遅れた地方都市

『遠野物語』が書かれた明治時代の日本では、国家を近代化させるため、妖怪伝承などの古い文化や迷信が「悪いもの」として排除されつつありました。しかし大都市から遠く、山奥の町である遠野では近代化の影響が少なく、1910年時点でも古い民話、文化がそのまま残っていました。

人が集まる交通の要所

遠野は、岩手県西部にある３つの都市と、東部太平洋岸にある小都市を結ぶ街道の中継地点でした。そのため遠野は、東西から新しいうわさ話が集まる場所であり、それが遠野の庶民たちにどんどん吸収されて、民話の内容に豊かなバリエーションを生むことになったのです。

遠野の妖怪伝承が豊かな４つの理由

雪深く長い冬

東北の山奥にある遠野は豪雪地帯であり、１年の1/3は雪に包まれています。そのため遠野では、農業ができない冬のあいだ、囲炉裏のまわりに集まった人々に、お年寄りが古い民話を語る習慣がありました。遠野では今でも、古来の民話を語る人を「語り部」と呼んで尊敬しています。

獣に囲まれた生活

遠野は周囲を山に囲まれた盆地であり、山に住む野生動物が、民家の近くまで降りてくることがめずらしくありませんでした。民衆は夜中に響く動物の鳴き声におびえながら生活していたため、ちょっとした異常でも「妖怪の仕しわざ」だと思い込みやすい環境だったのです。

なるほど、つまり日本にはもともと多くの妖怪伝承があったのに、近代化のために妖怪ごと古い文化が忘れられかけていたのですね。柳田先生はそこに注目され、ご自分の研究のために妖怪の文化をお救いくださったと。

そうよ〜♪　62ページの「蓑虫」が火をつける"蓑"や、110ページの「七尋女房」の「尋」っていう長さの単位、どれも現代じゃ見ないものでしょ？
妖怪を知ることは、妖怪を語り継いでいた人たちの暮らしを知ることなのよ〜♪

"妖怪の里" 遠野の現在

100年前に柳田國男先生が紹介した妖怪の里「遠野」は、今ではどんな町になっていると思うかしら〜？ ほら、見てみて、遠野は今でも"妖怪の里"なのよ〜♪

2015年現在の遠野は、人口3万人弱の地方都市です。町並みは現代的なコンクリート建築に入れ替わっていますが、『遠野物語』に登場した妖怪の名所が健在だったり、江戸〜明治時代の家屋が移築保存されるなど、古い文化と新しい文化の共存がはかられています。

過疎化が進む地方都市が全国的に多いなか、遠野市街は観光を牽引役として活気を保っています。

現在遠野市は「カッパの町」「遠野物語の町」と題して、妖怪を観光資源として利用しています。市内のいたるところに河童の銅像やレリーフが設置され、妖怪の特別展を行う博物館、遠野物語の名所を巡るサイクリングルートなどで妖怪ファンを引きつけています。遠野の妖怪は、今でも元気なのです。

遠野市観光協会では、市内での河童捕獲を認める「カッパ捕獲許可証」を販売しています。

……すごかったね、座敷童子ちゃん。
僕、こんなにたくさん妖怪に会ったのははじめてだよ。たったひとつの町なのに、こんなにいろんな妖怪がいるなんて、遠野ってすごいや。

ええ、本当に素敵でしたね。柳田先生のおかげです、ありがとうございます。
もし叶うのでしたら、遠野以外のところにはどんな妖怪がいらっしゃるのか、お会いしてみたいものです。

そうね〜、妖怪の伝承は人のたくさん住んでいるところに生まれるから……。
まずはかつての都「京都」、そして幕府のお膝元「江戸」かしら〜？ でも、さすがに京都や江戸で妖怪探しをするには、お守りが力不足だわ〜。

わかりマシタ！ 実際に移動するのが難しいなら、お話を聞けばいいのデス！
京都の町や江戸の町にはどんな妖怪がいるのか、私にお話させてクダサイ！

156ページから、江戸＆京都の妖怪伝承を聞きに行こう！

妖怪都市 MAP "京都"

クニカサンから預かりまして、ここからはヤクモがお話しマス！ 妖怪伝説は人間が作るもの、だから妖怪は、とっても歴史が長い街や、たくさん人が住んでいる街に多いのデスネ！ まずは日本の古都といえばこの街、京都の妖怪マップをご紹介しマス！

土蜘蛛塚(つちぐもづか)

かつて妖怪ハンター 源 頼光(みなもとのらいこう)と一党が倒した妖怪「土蜘蛛」は、この地に巣を構えていました。現在は北野天満宮の境内となっており、土蜘蛛を供養する塚があります。

御所の怪異(ごしょのかいい)

平安時代の歴史書がもっともくわしく書き残しているのは、天皇が住む「御所」にあらわれ、朝廷を悩ませた妖怪や怪現象です。
（➡p176へ！）

羅城門の鬼(らじょうもんのおに)

平安京の南の入り口である羅城門には、古くから鬼が住むという伝説がありました。現在羅城門の跡地は公園となり、跡地を示す石碑だけが当時の記憶を伝えています。

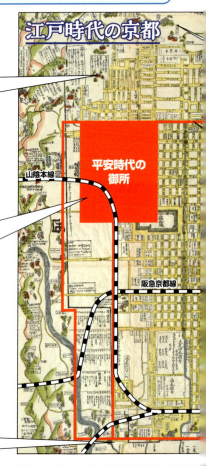

江戸時代の京都／山陰本線／平安時代の御所／阪急京都線

妖怪に託された、朝廷と貴族の歴史

京都が妖怪都市として名高いのは、この街が794年から約700年間、日本の政治の中心地だったからです。江戸時代以前の日本では、歴史や芸術を文字や絵の形で書き残すのは一部の上流階級にしかできないことでした。そのため貴族、知識人が集まっていた京都に、平安時代の妖怪伝承の多くが集中しています。

平安時代の文献は、得体の知れないもの、汚らわしいもの、そして「政治的に敵対している者」を"妖怪"扱いするという特徴があります。京都にいる妖怪のなかには、単なる怪物だけでなく、政治的暗闘の結果、妖怪だとされてしまった人間の伝承も数多く含まれているのです。

この地図は江戸時代の京都を描いたものデス。赤い囲みが平安京の領域デスネ。旧平安京の西側が廃墟になってたノデ、東側だけが強調して描かれていマス。

鞍馬山の天狗（MAP外）

京都の北東、京阪電車鴨東線の終点にある鞍馬山には、鞍馬天狗（→p90）が住んでいたと伝えられます。鞍馬山には796年から1200年以上の歴史を持つ鞍馬寺があり、鞍馬天狗の記憶を現在に受け継いでいます。

狐の住職"白蔵主"

大徳寺内の龍源院というお寺に、かつてお寺の住職に化けて、狐を狩る猟師に「殺生はやめなさい」と諭したという妖怪「白蔵主」を描いた屏風があります。この屏風は一般公開されており、いつでも鑑賞可能です。

一条戻橋

旧御所の東にある、『棺か橋を越えると死者がよみがえる』と噂されたいわくつきの橋です。かつて頼光四天王の渡辺綱と鬼の死闘が行われました。（→p164）

京都の人口って、赤線で囲まれた「洛中」エリアに集中していたんだけど、妖怪がいるのはその外側の「洛外」エリアのほうが多いのよね～。これは、平安京は魔のものから都を守る「結界」として作られているからよ～♪

妖怪都市 MAP "江戸"

京都に匹敵する妖怪の名所といえば「江戸」デスネ！ニッポンの新しい中核都市として江戸時代に花開いた江戸は、庶民の生活に密着した妖怪伝説の宝庫デス！

番町皿屋敷（新宿区牛込）

主人の皿を割って殺された女性の幽霊が、井戸で皿を数えて足りないと嘆くという怪談。もともとは室町時代の播州（播磨国。兵庫県南部）の伝承でしたが、舞台を牛込番町に置き換えたものが現在に伝わっています。

提灯お岩（新宿区四谷）

『四谷怪談』は、男たちの勝手な都合で殺された女性「お岩」が、幽霊となって彼女を殺した男たちに復讐する物語です。現地には今でも「お岩稲荷」という神社があり、お岩さんの霊をなぐさめています。

「お岩稲荷」こと田宮神社。向かいには同様にお岩稲荷を名乗る陽雲寺がある。

豆腐小僧（江戸全域）

江戸時代に突然出現し、江戸じゅうで人気者になった妖怪「豆腐小僧」は、皿の上に豆腐をのせて運ぶだけの、無害で滑稽な妖怪です。江戸庶民には、妖怪を恐れるだけでなく、キャラクターとして愛でるだけの精神的余裕があったのです。

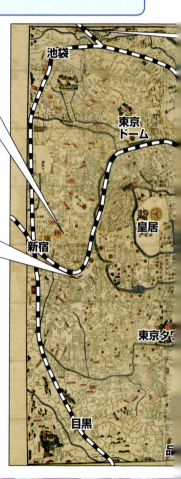

庶民が育てた妖怪伝承の街

　京都の妖怪伝承は、長い歴史のなかで貴族や寺社という上流階級の人々が文字に残してきたものでしたが、この江戸という街の妖怪伝承は、商人や町人といった庶民が生み出し、文化として語り継いできたものです。

　それ以前の民衆も妖怪伝承を持ってはいたのですが、彼らには文字を書く習慣がなく、伝承の継承はおもに口伝で行われたため、多くが現代まで残りませんでした。ですが江戸では、流行りの妖怪伝承が版画本として出版されたり、講談（語り聞かせ）や歌舞伎の台本となることで文字化され、現代に残されたのです。娯楽を楽しむ庶民の豊かさが、江戸の妖怪伝承を生き残らせたといえるでしょう。

江戸末期の江戸

王子の狐（北区王子）

　北区王子の王子稲荷は、東日本の狐、化け狐の総元締めだとされています。毎年大晦日には東国の狐たちが王子に集まり、「狐火」という怪しい炎が行列となって王子稲荷の周辺を練り歩く姿が見られたそうです。

本所七不思議

　墨田区本所には、50ページで紹介した足洗邸をはじめ、釣れた魚を奪う「おいてけ堀」（右は現在のおいてけ堀）、行灯の火が消えているソバ屋「燈無蕎麦」などの怪談話があり、これらをまとめて「本所七不思議」と呼んでいます。

東京の街は何十階っていう高いビルがじゃんじゃか建ち並ぶようになっちゃったけど、そんななかにぽつーんと妖怪にまつわる遺跡や社が残されてることが結構多いのよ〜。江戸の妖怪伝承はほかにもまだまだあるから、妖怪の名所に実際に足を運んでみたらきっと楽しいわ〜♪

最後の妖怪博士"井上円"登場！

京都にも江戸にも、おもしろい妖怪スポットがもっとたくさんありマスね。
ほんとにいっぱいありマスから、全部紹介するのはまたの楽しみにしてクダサイ……
oh、河童サン、どうかしたデスカ？

おお、クダではないか。それに柳田、ヤクモもか。ちょうどよいところで会った。さきほどマドカがフィールドワーク中に足を滑らせて谷に落ちてのう、足をくじいて動けんので、運び出してきたところだったのじゃ。

足をくじいた以外に怪我はないのね？　ならよかったわ～。
それにしてもマドカ、空から登場とはずいぶんダイナミックじゃな～い。そろそろ秋葉ちゃんが本物の天狗だって認めた方がいいんじゃないの～？

フン、飛んでなどいないさ、若干足下がフワフワしたが、低血糖によるハンガーノック現象だろう。断じて空を飛んでなどいない！（マドカから目をそらしながら）
ん、ところでそこの少女、見ない顔だな？

はじめまして、私、このお屋敷にごやっかいになっている座敷童子です。
こちらは河童ちゃん、私のお友達なんですよ、
さきほどまで、小泉先生と柳田先生から妖怪のお話を聞いていたんです。

……柳田、また自称妖怪のコスプレ娘を集めているのか？　おまえの妖怪趣味に他人を巻き込むなといつも言っているだろうが……まあよろしい。そこの少女、人間のいう妖怪とはなんなのか、目の覚めるような話をしようじゃないか。

161ページから、マドカ先生の「妖怪退治伝説」講義！

妖怪退治の英雄たち

ここからは「妖怪退治伝説十六番勝負」と題して、日本を代表する、英雄による妖怪退治の物語を紹介したいと思う。
左のページでは、活躍する人物の紹介と、物語の概要を。右のページでは、その妖怪退治伝説のキーポイント、そして「伝説が作られたウラ事情」など、物語の本筋からは離れた内容を紹介している。
私としては特に右側のページに注目してほしい。妖怪伝承のなかでも、妖怪退治というのは特に「意図的に作られた」ものが多いのでな、これを読めば、妖怪は人間の空想であって、実在しないのだということをよく理解できるはずだ。

も〜、そういうふうに斜に構えて妖怪のお話を読んでもおもしろくないわよ〜？
まずは左のページの人物紹介や物語のあらすじを楽しんで、そのうえで「こんな事情もあるのか」とウラの部分を楽しめばいいじゃない。
みんなも、マドカが言うようにウラを楽しむのもいいけど、まずはお話のおもしろさや英雄たちの活躍、妖怪の恐ろしさを純粋に楽しんでほしいわ〜。

妖怪退治十六番勝負①
鬼とハンターの頂上決戦!
源頼光 VS 酒呑童子

DATA

時代	平安時代
舞台	大江山（京都府または兵庫県）
出典	『今昔物語集』など

　日本の伝説に数多く存在する「妖怪退治」の英雄のなかで、もっとも広く知られているのが、平安時代中期の朝廷の貴族であり、武士としても活躍した「源頼光」です。名前は音読みの「みなもとのらいこう」が有名ですが、本来の読みは訓読みで「みなもとのよりみつ」といいます。伝承のなかで、頼光は4人の優秀な部下「頼光四天王」を従えて、京の都を騒がせる妖怪を退治するヒーローとして描かれます。

　一方で酒呑童子は、大江山という山に住み着いた鬼たちの頭領です。外見は資料ごとに違いますが、大多数は身長は常人の3倍以上、赤い顔で3本以上の角があると描いています。とてつもない怪力を持つほか、空を飛ぶ神通力まで備えていました。さらに4体の有力な鬼を部下に持ち、それ以外にも多数の眷属をしたがえていたといいますから、とうてい人間が太刀打ちできるような存在ではありませんでした。

　都の姫君を誘拐したり、人を生きたまま食うなどの悪行を働く酒呑童子に討伐命令が出され、頼光と部下たちはこの困難な鬼退治に挑むことになりました。

神の助力と神算鬼謀で鬼を討つ!

頼光win!
決まり手! 神便鬼毒酒

　酒呑童子に挑む頼光に助けの手をさしのべたのは、日本の神々でした。神々は頼光一行に、人が飲めば薬、鬼が飲めば毒となる「神便鬼毒酒」を授けたのです。

　頼光一行は、山で修行を行う仏教の一派「修験道」の修行僧「山伏」の服装に着替え、山伏と仲のいい酒呑童子に客人扱いさせることで潜入。歓迎の宴会で神便鬼毒酒を振る舞ったのです。毒の酒を飲んだとは知らない鬼たちが部屋に戻ると、頼光たちは鎧兜に着替え、酒呑童子と4人の部下たちを襲撃します。毒酒で動きの鈍った酒呑童子は、頼光のことを卑怯者だとののしりつつ、頼光に首を斬られました。

　頼光たちは酒呑童子の首を持って帰りますが、道中の「老の坂」という場所で、お地蔵様から「不浄なものを都に持ち込むな」と警告を受けます。頼光は酒呑童子の首を埋め、その後酒呑童子は医療の神「首塚大明神」として信仰されたそうです。

妖怪退治のウラ事情

酒呑童子は"疫病神"だった!?

酒呑童子伝説は伝染病の流行を物語化したものだという説が、神戸大学の高橋昌明名誉教授から提示されている。説のポイントは、酒呑童子の本拠「大江山」と、首を捨てた「老の坂」の位置だ。

「大江山」はどこにあった!?

『酒呑童子絵巻』の設定では……
丹波国大江山
（現在の京都府北西部）

高橋昌明博士の説では……
山城国大枝山
（「老の坂」がある山）

酒呑童子の物語に登場する「老の坂」が高橋博士の説のポイントとなる。実は京都では、京都から他国へつながる４つの街道の関所を「四堺（しさかい）」と呼び、この関所から病気や死などを引き起こす「穢れ」が流れ込んでくると考えていた。老の坂は「四堺」のひとつなのだよ。
そのため老の坂がある「大枝山」では、都から疫病が去ることを願う儀式が行われる。この儀式で「大枝山から、疫病をもたらす鬼神を追い払い、京の人々を疫病から救った」という"事実"を、わかりやすく物語化したのが酒呑童子伝説ではないかという仮説なのだ。

酒呑童子伝説ゆかりの品

マトカは高橋先生の「大枝山」説にご執心みたいだけど、王道設定の「丹波国大江山」も無視できないわよ〜。丹波国の大江山に近い「成相寺」には、頼光さんが神様から授かった「神便鬼毒酒」が入ってたとっくりと杯があるんだから〜♪
ちなみに国宝の日本刀に、酒呑童子の首を落としたって逸話がある「童子切安綱」っていう刀があるけど、この刀が「酒呑童子の首を斬った」っていう記述が出てくるのは江戸時代以降だから、逸話はあとからつけたした設定っぽいわね〜、残念だわ〜。

妖怪退治十六番勝負②
頼光&酒呑のナンバー2対決!
渡辺綱 VS 茨木童子

DATA
| 時代: 平安時代中期 |
| 舞台: 京都一条戻橋（→p157） |
| 出典: 『太平記』など |

　前のページで紹介した、平安時代の妖怪ハンター「源頼光」は、４人の有力な武士を家来にしていました。人は彼らを「頼光四天王」と呼びます。
　頼光四天王は、渡辺綱、坂田公時、碓井貞光、卜部季武の４人です。なかでも坂田公時は、熊と相撲をとる童話でおなじみの、足柄山の「金太郎」であり、日本人で知らない人はいないくらいの有名人でしょう。ですがこの項目で紹介するのは「金太郎」坂田公時ではなく、頼光四天王のなかで筆頭の地位にあった「渡辺綱」です。彼の先祖は『源氏物語』の主人公「光源氏」のモデルだという「源融」で、綱自身もかなりの美形だったといいます。
　一方で茨木童子は、鬼の頭領「酒呑童子」の側近であり、酒呑童子に次ぐ実力者でした。彼は大江山での戦いで渡辺綱と戦い、唯一生き延びて大江山を脱出していたのです。この因縁のふたりに再戦の機会が近づいていました。

知恵と力のぶつかりあいは両者とも譲らず！

Draw
知恵比べによる痛み分け

　大江山から脱出した茨木童子は、京都の町に忍び込み、「美女に変身して人間を誘惑し、だまされた男を捕らえると、超人的な跳躍力で京都の外に持ち去る」という手口で悪事を重ねていました。ですがある日、いつものように茨木童子が目をつけた相手は、幸か不幸か、あの憎き渡辺綱だったのです。女装した茨木童子は渡辺綱に組み付き、跳躍して京都の外へ持ち去ろうとしますが、渡辺綱は空中で愛刀を引き抜き、茨木童子の片腕を切り落として難を逃れました。
　腕を切り落とされて困った茨木童子は、なんとか自分の腕を奪還しようとしますが、渡辺綱は自分の屋敷に結界を張って茨木童子の侵入を防ぎます。そこで茨木童子は、渡辺綱の母親に変身しての泣き落としという奇策で、みごとに綱の屋敷に潜入を果たします。綱の隙を突いて自分の腕を取り戻した茨木童子は、二度と綱の前にあらわれなかったということです。

"死者がよみがえる" 一条戻橋

綱と茨木の対決の舞台となった一条戻橋は、京都の北側の境界線「一条」にかかっている橋です。「この橋に死者の棺が通ると、死者が生き返る」「結婚式でこの橋を通ると花嫁が"出戻り"する」などの伝説で知られています。

一条戻橋が怪奇現象の名所となったのは、この橋が天皇が住み役人が働く「大内裏」付近の都心部と、その西側にある寂れた地区との「境界」であることが原因です。"境界への恐れ"（➡p151）が、戻橋に鬼が出るという伝説を生んだのです。

現在の一条の橋は1995年に新築されたものです。近くにある清明神社（陰陽師「安倍晴明」を祭る神社）の庭には、当時の橋に使われていた石でできたミニチュアが移築されています。

頼光伝説は"綱"の子孫の宣伝活動!?

数多い妖怪退治の伝説のなかでも、源頼光の伝説は特に有名です。実は頼光伝説を日本中に広めたのは、渡辺綱の子孫である「渡辺党」なのです。

渡辺党は、摂津国住吉（現在の大阪府住吉）を本拠地に、瀬戸内海の海上輸送で繁栄し、日本全国に子孫を送り込んでいた一族です。かつて渡辺党の祖先は、祖先である渡辺綱が「高名な源頼光に仕えていた」という事実をふくらませ、渡辺綱は頼光の筆頭家臣だったという設定をつくりあげました。このように先祖の偉大さをアピールすることで、渡辺党は「渡辺氏」のアイデンティティを保ったまま全国に広がりました。今では「渡辺」は、日本で5番目に人数の多い名字となっています。

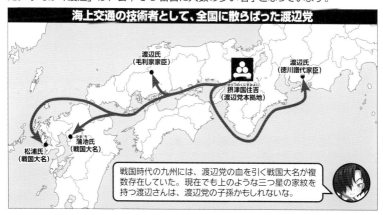

海上交通の技術者として、全国に散らばった渡辺党

戦国時代の九州には、渡辺党の血を引く戦国大名が複数存在していた。現在でも上のような三つ星の家紋を持つ渡辺さんは、渡辺党の子孫かもしれないな。

妖怪退治十六番勝負③
山より大きなムカデ退治
俵藤太 vs 三上山の大百足

DATA
時代：平安時代中期
舞台：三上山（滋賀県野洲市）
出典：『御伽草子』など

　俵藤太とは、本名を「藤原秀郷」という、平安時代中期に活躍した武将です。下野国（現在の栃木県）の豪族であり、武勇に優れた指揮官でした。のちに関東地方で「平将門」が反乱を起こしたとき、朝廷から命じられ、将門の討伐軍を率いていたのはこの俵藤太でした。

　滋賀県南東部の三上山に出現したという大百足は、胴体を三上山にぐるりと巻きつけると、標高432mの山である三上山を7巻き半するほどの巨体でした。さらにその甲羅はまるで鉄のように分厚く、弓矢や刀を受け付けません。生粋の武士である俵藤太は、この「動く要塞」にどのように立ち向かったのでしょうか？

鉄の甲羅を打ち破れ！

俵藤太win!
決まり手！唾液つきの矢

　大百足退治の物語は、俵藤太が琵琶湖の南にかかる「瀬田の唐橋」を渡ろうとしたところから始まります。この橋の上に巨大な蛇が横たわり、怖がって誰も渡れずにいたのですが、俵藤太はまったく恐れることなく大蛇を踏みつけて橋を渡りました。実はこの大蛇の正体は、琵琶湖に住む龍神の娘でした。彼女は、龍たちを苦しめる大百足を退治できる勇敢な武士を探すために、人々の勇気を試していたのです。

　俵藤太は百足退治を快諾すると、引くのに5人分の力が必要だという強弓と、竹の幹で作った太矢を3本持ち出して瀬田の橋に陣取り、大百足を迎え撃ちました。ところが1発目、2発目と太矢を撃ち込んでも、矢は大百足の鉄のように堅い甲羅にはじかれてまったくダメージを与えることができません。

　そこで俵藤太は、武勇の神である八幡神に祈りを捧げると、太矢の鏃に自分の唾液をたっぷりと塗りつけてから強弓で放ちました。すると唾つきの太矢は大百足の眉間にしっかりと突き刺さり、大百足は絶命していました。龍神の娘はたいへん喜び、俵藤太に多くの褒美を与えたということです。

大百足の正体は、山賊団だった!?

滋賀県南部には、大百足退治伝承の原型だと思われる物語が残っています。その話には龍神の娘も巨大な百足も登場しません。

その昔、三上山に"百足"と名乗る盗賊団が住んでいました。あるとき百足の頭領が、鋳物師(いもじ)の娘を気に入り求婚したのですが、これを嫌った鋳物師の娘は、俵藤太に頼んで"百足"山賊団を討伐してもらったそうです。

この伝承が変化して神秘性を増したのが、大百足退治の伝承なのかもしれません。

ちなみに三上山に祀られている神は鍛冶神だし、百足も鉄の技術者の神とされることが多い。それを鋳物師の娘が転じた龍神が倒して欲しいと呼びかける……?不自然だな。……ふむ、もしかすると、三上山の伝承は「鉄の技術者どうしの縄張り争い」だったのかもしれないぞ。

大百足退治伝説の変遷

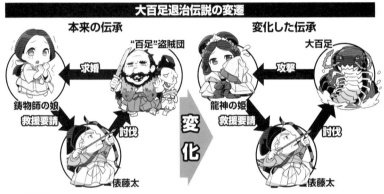

本来の伝承 / 変化した伝承

鋳物師の娘 ― 求婚 → "百足"盗賊団 / 龍神の姫 ― 攻撃 → 大百足
救援要請 / 討伐 / 俵藤太
変化

人間の"唾"の恐るべき能力

古くから、人間の唾液には特別な力があるとされていました。特に「約束」を固定化する力があると考えられ、日本最古の歴史書『古事記』などでは、契約を結んだふたりが同じ器に唾を吐き入れて契約を完了させる場面がしばしば見られます。

また、唾には魔を封じる力もあるといいます。例えば、狐や狸に化かされないように「眉(まゆ)に唾を塗る」という行為が、疑わしいことを表現する「眉唾(まゆつば)」の語源になったことは有名です。俵藤太は、唾液の「魔を封じる」力で、魔の存在である大百足の守りを無効化し、矢を貫通させることができたというわけです。

ちなみにー、化かされそうなときに眉に唾を塗るのは、眉毛の本数を数えられなくするためだとも言いマス! 狐や狸は化かす相手の眉毛の本数を数えて、それにあわせて化けるので、眉毛が唾で固まっていると得意の幻術が使えないそうデス。

妖怪退治十六番勝負④
ごぞんじ桃太郎の鬼退治
桃太郎 VS 温羅（うら）

DATA
時代	古墳時代？
舞台	吉備地方（岡山県南部）
出典	吉備地方の伝承

　桃から生まれた桃太郎が、きびだんごで手慣づけた犬、猿、キジのお供を連れて、鬼ヶ島の鬼を退治する。『桃太郎』の物語は、我々日本人にとってもっとも身近で有名な妖怪退治伝承といえます。

　桃太郎は川を流れてきた桃の実の中から生まれた子供で、成長して若武者のような外見になっています。童話などでは、桃のマークが描かれた羽織を身にまとい、腰にきびだんごの入った網や袋を下げた姿が有名です。

　鬼ヶ島の鬼は、一般的に赤い肌で頭に角があり、虎皮の腰巻きを身につけ、とげのついた金棒を持った姿で描かれます。童話では鬼ヶ島の鬼の名前は不明ですが、岡山県吉備地方の伝承では、この鬼は「温羅」という名前だったといいます。

意外とバイオレンスな鬼退治

桃太郎win!
決まり手！馬乗り裸絞め

　犬、猿、キジの家来を引き連れて鬼ヶ島に乗り込んできた桃太郎に、鬼たちは戦う前から逃げ腰になっていました。鬼たちは鬼ヶ島の城門を固く閉ざし、城の中に桃太郎を入れまいとしたのです。しかし、まず犬が門を叩いて鬼たちの気を引くと、キジが空から城内に飛び込んで門を閉めた鬼の目をつつき、猿が城壁を昇って門を内側から開けてしまいます。

　城門を破られた鬼は、突入してきた桃太郎やその家来を迎え撃ちますが、外見に比べて意気地のない鬼たちは、桃太郎や家来たちに打ち負かされ、武器を捨てて降伏してしまいます。最後まで抵抗していた鬼の頭領も、うつぶせに倒れたところを桃太郎に馬乗りにされ、ぎゅうぎゅうと首を絞められました。格闘技にくわしい方は、柔道で言う「裸絞め」という技に近い体勢だといえばイメージしやすいかもしれません。こうして桃太郎に捕らえられた鬼の頭領も降伏し、鬼は降伏のあかしに、鬼たちがあちこちから奪ってきた金銀財宝を桃太郎に献上しました。

　お爺さんとお婆さんのもとに凱旋（がいせん）した桃太郎が「鬼退治はおもしろかった」と物騒な発言をしたところで物語は終わります。

鬼退治は、朝廷の「日本統一戦争」だった!

　岡山県の吉備津彦神社には、桃太郎の原型になったという「吉備津彦と温羅」の戦いの伝承があります。それによると、朝鮮半島の国"百済"の王子である「温羅」が吉備地方に住み付き、悪さをはたらいたので、朝廷は武勇名高い「彦五十狭芹命」を指揮官に任命し、温羅を討伐させました。ヒコイサセリヒコの武勇に温羅は屈服。吉備地方を平定したヒコイサセリヒコは、朝廷に「吉備津彦」の名を与えられたといいます。

　このお話はあくまで伝説ですが、ヒコイサセリヒコが10代天皇の崇神天皇に「四道将軍」のひとりに任命され、岡山県をはじめとする山陽地方の諸部族を平定して「キビツヒコ」になったことは、日本の歴史書『日本書紀』にも書かれている事実です。桃太郎伝説のウラ事情は、朝廷が朝鮮半島から移住した部族を屈服させ、政権に組み込んだことを示す伝説だということになります。

桃は神の果物である

　桃太郎が桃から生まれたのは、数ある果物のなかでも桃は、特に神聖な果物だとされてきたからです。中国では桃のことを仙人の食べる果物「仙果」と呼び、**邪気や悪霊を祓い、食べたものに不老長寿を与える**と信じられていました。

　なお、現代の昔話では、桃太郎は大きな桃の実の中に入っていましたが、桃太郎伝説が広まりはじめた江戸時代初期の伝承では、桃を食べたお爺さんとお婆さんが若返り、子供を作ったという内容が主流でした。つまりかつての桃太郎は、若返りの仙果の力で生まれた英雄だったのです。

日本の神話が書かれた『古事記』や『日本書紀』で、天皇陛下のご先祖様であるイザナギ様が、死者の国「黄泉（よみ）」から逃げ出したとき、追っ手に桃の実を投げつけて追い払ったの。そのときイザナギ様は「今私を助けたように、これからも人間を助けてくれ」と桃の木にお願いしたのよ〜。桃の実が聖なる力を持ってるのは、イザナギ様のおかげなのかもね〜♪

妖怪退治十六番勝負 ⑤
鬼もたじろぐ神子の剛力
道場法師 vs ガゴゼ

DATA
時代：古墳時代末期
舞台：元興寺（がんごうじ）
出典：怪奇物語集『日本霊異記』

　奈良県中部の明日香村にある「飛鳥寺」には、710年に奈良の新しい都「平城京」が作られるまで、「元興寺」という寺がありました。このお寺にとてつもない怪力で知られる僧侶がいました。その名を道場法師といいます。

　道場法師は雷神の子だとされています。伝説によれば、子供のいない農民夫婦が子供の姿の雷神を殺そうとしたとき、雷神が「助けてくれれば子供を妊娠させてあげる」と言い、見逃す代償として授かったのがのちの道場法師でした。生まれた赤ん坊は、頭に蛇が2巻きして、その蛇の頭と尻尾がポニーテールのように後頭部に垂れているという異形の子供でした。大人顔負けの怪力を持つこの少年は、のちに元興寺の童子（僧侶見習い）として修行生活に入りました。

　この元興寺にあらわれた妖怪が「ガゴゼ」です。ガゴゼは鬼の一種で、死んだ人間が墓からよみがえり、異形の姿となってあらわれたのです。

腕一本で妖怪退治

道場法師win!
決まり手！ 頭皮剥奪

　物語の主人公である少年が元興寺の童子となってしばらくのちのこと。寺の鐘突き堂で寝泊まりしていた寺の童子（僧侶見習い）たちが、次々と鬼に殺される事件が発生しました。そこで少年は、自分が鬼を退治すると言い、4人の童子をお供につけて鐘突き堂で待ち伏せました。

　少年は、予想どおり鐘突き堂に入ってきた鬼に飛びかかると、あらかじめ話していた手はずどおり、4人の童子に「明かりの覆いを外して、光を浴びせろ」と指示しました。しかし童子たちは鬼におびえて動けなかったので、少年はやむをえず片手で鬼の髪をつかんでひきずり回しながら4ヶ所の明かりの覆いを外しました。少年と鬼の光を浴びせながらの戦いは明け方まで続きましたが、鬼はなんとか少年の手から逃げ出し、少年の手には鬼の髪と頭皮だけが残ったといいます。

　その後もこの童子は怪力を駆使して寺のために働き、その功績から正式な僧侶になることを許されて「道場法師」と名乗ったそうです。

妖怪退治伝説の原典

『日本霊異記』に掲載された、最古の妖怪退治

道場法師の幼少期の鬼退治物語が書かれているのは、『日本現報善悪霊異記』、略して『日本霊異記』と呼ばれる文献です。「現報善悪」とは、現代語にすれば「因果応報」に近い意味で、善行には幸福が、悪人には報いが返ってくることが全編を通したテーマとなっています。

この文献は平安初期に書かれ、さまざまな話を集めた「説話集」として日本最古のものです。そのためガゾゼ退治の話は、日本最古の妖怪退治物語ということになります。

江戸時代の妖怪絵師、鳥山石燕が描いたガゴゼ。

妖怪退治から生まれた妖怪文化

妖怪を「ガゾゼ」と呼ぶ地域

我々現代日本人は、妖怪全般のことをひっくるめて「妖怪」と呼んでいますが、かつては「あやかし」「物の怪」などの言葉が使われていました。そして日本の一部地域では、妖怪全般のことを幼児語で「ガゾゼ」と呼ぶことがあります。

これは道場法師が倒した元興寺のガゴゼが元になったものだと言われています。

ちなみに『遠野物語』を書いた柳田國男先生は、妖怪が「咬もうぞ」って言いながら出てくるのがガゴゼの由来だとおっしゃってるノ～。

「ガゴゼ」系の幼児語はここで使われている
- ガゴゼ（近畿）
- 茨城
- 徳島 → ガッゴジ

道場法師のその後

日本では、力の強い人のことを「百人力」って言いますケド、道場法師はさらにパワフルデス！ むかし元興寺の田んぼに水を引く水路が、近くの豪族にふさがれたことがありまシタ。道場法師はその仕返しに、100人がかりでも持ち上げられない大岩を放り投げて、豪族の田んぼに水を引く水路をふさいじゃったそうですネ。
思えばガゴゼの妖怪は、こんなスーパーパワーで髪の毛を引っ張られたのデスネ……どれだけ痛いか、ちょっと考えたくないくらいデス。

妖怪退治十六番勝負⑥
初代将軍の鬼神討伐
坂上田村麻呂 VS 大嶽丸

DATA
時代	平安時代初期
舞台	箟峰山（宮城県涌谷町）
出典	浄瑠璃『田村三代記』

　朝廷から武士に与えられる称号「征夷大将軍」は、源頼朝以降「武士のリーダーとして日本の政治を行う者」という意味になっていますが、本来は「朝廷が編成した軍隊の最高司令官」という意味の称号でした。歴史上２番目に征夷大将軍に任命されたのが、坂上田村麻呂という人物です。田村麻呂は、朝廷に従わない東北地方の部族「蝦夷」と戦った軍事の天才で、当時から英雄としてその名を知られていました。

　田村麻呂は多くの鬼退治伝説で主人公として活躍しています。彼が戦った鬼のなかでも指折りの強大な鬼が、大嶽丸という鬼です。顔がふたつ、足が４本あり、皮膚は鉄のように硬く武器が通用しません。強大な神通力を持ち、天候を自在にあやつって暗雲や嵐を呼び寄せるほか、炎を発することもできたといいます。

夫婦の連携で最強の鬼を撃破！

田村麻呂win!
決まり手！　祈祷＋神剣

　田村麻呂と大嶽丸の戦いの物語は、両者の激突の15年前から始まります。この年、伊勢国（三重県）の鈴鹿山に、魔王の娘「立烏帽子（鈴鹿御前）」（→p74）が降臨し、田村麻呂はこれを討伐に向かいます。６年がかりで立烏帽子を見つけてひとしきり剣を打ちあわせると、立烏帽子は「日本を魔の国にするという目標はあきらめるので、そのかわり自分の夫となれ」と、田村麻呂に条件をつきつけます。田村麻呂はやむなくこれを受け入れて立烏帽子と夫婦になり、子供をもうけて静かに暮らしていました。

　それから６年後、田村麻呂に「飛騨の高丸」と「大嶽丸」というふたりの鬼の討伐命令が下ります。立烏帽子とふたりがかりで立ち向かい、飛騨の高丸は倒すことができましたが、最強の鬼である大嶽丸には通用しないことは明白です。

　そこで立烏帽子は、自分に執着する大嶽丸にわざと誘拐され、大嶽丸の神通力を失わせます。大嶽丸は洞窟に閉じこもって神通力を取り戻そうとしますが、田村麻呂は仏に祈って大嶽丸の修行場の封印を解き、大嶽丸を神通力の鎖でからめとり、バラバラに斬り裂いて大嶽丸を退治しました。立烏帽子の誘拐から３年後の決着でした。

「偽装誘拐」に「不意打ち」「速攻」で決着!

立烏帽子は、日本を魔の国にするパートナーにするため、大嶽丸に求婚していましたが、大嶽丸は返事をせず焦らしていました。ですが立烏帽子が田村麻呂と結婚したことでプライドを傷つけられた大嶽丸は、立烏帽子を誘拐することにしたのです。

大嶽丸打倒のため一計を案じた立烏帽子はこれを逆用し、あえて誘拐されることで、無敵の鬼である大嶽丸につけいる隙を作ったのです。

① 立烏帽子、わざと誘拐される

立烏帽子に執着する大嶽丸に、わざと誘拐されて本拠地に潜り込む。

② 神通力を失わせる

大嶽丸を誘惑して、力の要である神通力を一時的に失わせる。

③ 祈祷と神剣の連携で撃破!

田村麻呂の祈祷で動きを封じ、ふたりの神剣の自律攻撃で勝利。

史実日本の東北征討がモチーフ

坂上田村麻呂は、実際の歴史で東北地方の「蝦夷」を攻めて屈服させた将軍です。蝦夷側の指揮官としては、のちに田村麻呂に降伏して都へのぼった総司令官のアテルイと、参謀役だったモレの名前が、当時の歴史書に残されています。

大嶽丸や鈴鹿御前（立烏帽子）の伝説は、この田村麻呂の東北征討という歴史的事件を、蝦夷の首長を「鬼」に変えることで、鬼退治の伝承として作り替えたものです。東北地方には大嶽丸のほかにも、蝦夷の首長あるいは鬼の名前として、悪路王、高丸などの名前と伝説が残っています。これらの鬼の首長の物語には共通点も相違点もあり、その誕生の課程が研究対象になっています。

大和朝廷の蝦夷討伐MAP

"蝦夷"の領域

朝廷の征討軍

朝廷の支配領域

このページの田村麻呂伝説は、『田村三代記』という劇の脚本をもとにしている。田村麻呂伝説を語るものは、このほかにも『田村草子』『鈴鹿草子』という文献や、能楽の脚本『田村』のほかにも、各地の神社や寺の縁起など無数にある。それぞれ人名や物語内容が微妙に違うので、混同しないよう気をつけたまえ。

妖怪退治十六番勝負⑦
「修験道」を築いた凄腕呪術師
役小角 vs 前鬼、後鬼

DATA
- 時代：飛鳥時代
- 舞台：奈良県生駒市鬼取町
- 出典：修験道の説話

「修験道」という宗教があります。これは仏教と神道、日本古来の山岳信仰を組みあわせた宗教です。修験道の修行僧である山伏は、独特の衣装を身にまとい、手には錫杖という杖を持って山中を練り歩きながら修行生活を送ります。

役小角はこの「修験道」の開祖で、すぐれた呪術の使い手でした。役小角は仏教の仏「孔雀明王」の力を借りる呪文で万病を癒し、鬼神を使役し、五色の雲に乗って自由に空を飛ぶことができたといいます。

役小角が使役した鬼神のなかでもっとも有名なのが、前鬼と後鬼という夫婦の鬼です。前鬼が夫、後鬼が妻で、前鬼は手に斧を持ち、後鬼は薬瓶を持っています。身長はたいてい役小角よりも小さく、前鬼は陰陽の陽をあらわす赤い肌色、後鬼は陰陽の陰をあらわす青い肌色で描かれます。

絵画や伝承では役小角に使役される鬼として描かれる前鬼と後鬼は、人間に悪さを働いていた鬼を、役小角が懲らしめて手下にしたものです。

悪鬼を改心させる仏の力

役小角win!
決まり手！ 不動明王呪

前鬼と後鬼は、大阪、京都、奈良の間にある「生駒山地」に暮らし、人々を苦しめる悪い鬼でした。役小角は鬼の話を聞くと、修験道の仏である不動明王の呪文を唱えながら祈祷を行いました。すると前鬼と後鬼は法力に捕らえられて身動きができなくなり、改心して修験道の信者のために働くと誓ったのだといいます。

別の伝承では、前鬼と後鬼には子供がいました。役小角は子供を殺された人間の苦しみを理解させるため、ふたりの子供を捕らえて鉄釜の中に閉じ込めました。前鬼と後鬼は自分の子供がいなくなったことに泣いて苦しみ、自分たちの行いを後悔して役小角に従うようになったといわれています。

その後、前鬼と後鬼は役小角の神通力で人間に変わり、その子孫は代々、修験道という宗派のために尽くしたそうです。

呪法、秘術が乱れ飛ぶ"修験道"

　修験道は、仏教の一派である「密教」の流れをくむ宗教です。密教の密とは「秘密」の密であり、仏と一体化し覚醒することで得られる特別な知識があると教えています。そのため密教では、呪文で仏の加護を引き出す「呪術」が盛んに行われています。

　役小角が呪術の達人なのは、修験道が密教の呪術を色濃く受け継いだ宗派だからです。同じく密教の僧侶である「弘法大師」空海（➡p180）も、すぐれた呪術師として日本各地で逸話を残しています。

修験道の代表的な呪術

・九字護身法
　空間を指で縦に4回、横に5回切りながら「臨・兵・闘・者・皆・陣・列・在・前」と唱えることで、悪しきものを退けます。

・真言呪術
　仏教発祥の地であるインドで使われていた「神や仏をたたえる言葉」すなわち「真言」を、本来の発音のまま唱えることで、神や仏の力を引き出す呪術。力を引き出す仏ごとに効果が違い、例えば孔雀明王の真言には苦痛を取り除く癒やしの効果があります。

・符術
　札に呪文を描いて貼ることで、邪悪なものが特定の場所に入れないようにするなど、さまざまな効果をもたらします。

> 仏教っていうのは、人間が「仏」という存在になって、苦しみから救われることを指す宗教よ～。なかでも密教や修験道は「即身成仏」といって、生きたまま仏を目指すの。仏様候補生なら、呪術や魔法くらい使えても不思議じゃないわね～。

前鬼と後鬼の子孫たち

　役小角に屈服し、その手下になった前鬼と後鬼は、役小角の力で人間に変わり、5人の子供を作ったと言われています。

　前鬼と後鬼の5人の子供は、現在の奈良県下北山村にある「前鬼」という集落に、修験道の修行者が宿泊するための施設「僧坊」を5つ作って代々受け継ぎました。彼らはそれぞれ五鬼継、五鬼熊、五鬼上、五鬼助、五鬼童の姓を名乗り、江戸時代の終わりまで僧坊を維持し続けていたといいます。

　明治時代の初期、1872年に「修験道禁止令」が発布されたことで僧坊は衰退し、前鬼の子孫は次々と里を出て行きました。今では五鬼の僧坊はひとつしか残っていません。

前鬼の子孫が開いた僧坊はここにある

奈良県

前鬼の子孫が開いた5つの僧坊は、奈良県南部、和歌山県との県境にある山岳地帯、下北山村の「前鬼」集落にあります。

> 五鬼の僧坊のなかでたったひとつ、現代でも残ってるのが、61代五鬼助家当主の五鬼助義之さんが運営する「小仲坊」よ～。それにしても、こんなにはっきり「鬼の子孫」だっていう一家が残ってるなんて、日本ってすごい国よね～♪

妖怪退治十六番勝負⑧
ご先祖様に負けない大手柄!
源頼政 VS 鵺

DATA
時代	平安時代末期
舞台	平安京の御所「清涼殿」
出典	『平家物語』など

　妖怪ハンターとして名高い源頼光の子孫にも、ご先祖様とおなじく妖怪退治で名を馳せた武士がいます。源頼光の孫の孫である「源頼政」です。

　頼政は平安時代末期、平氏の頭領である「平清盛」の派閥に参加している有力者で、武勇にすぐれた武士として名高い人物でした。当時の朝廷では、武士の派閥は「源氏と平氏」のように一族では分かれておらず、頼政は清盛におおいに信頼され重用されていました。

　この頼政と対決することになった「鵺」は、正体不明の怪しい妖怪です。『平家物語』に登場する鵺は、胴体は狸のようですが、頭が猿、手足が虎、尾が蛇という奇怪な姿だったと書かれています。その後の文献では背が虎で足が狸、尾は狐であるとか、頭が猫で胴が鶏だったという記述もあり、とにかく奇怪な姿の怪異だったということ以外は伝わっていません。ヒョウヒョウという不気味な鳴き声、黒い煙とともにあらわれ、人々に病をもたらすといいます。

弓矢の武威で撃ち落とす

源頼政win!
決まり手! 部下の斬撃

　平安時代末期、近衛天皇が暮らす建物「清涼殿」で、毎晩のように不気味な鳴き声が響くようになり、ついに近衛天皇が病気になってしまいました。そこで鳴き声の主を退治するべく、妖怪退治に定評のある源氏の武士のなかから、もっとも武勇に優れる源頼政に、天皇を苦しめる怪物を退治するよう命令が下ったのです。

　源頼政が、自分の家臣である猪早太とともに清涼殿で怪物を待ち受けると、清涼殿を黒い雲のようなものが覆い始めました。頼政は剛弓「弓張月」を握り、尾羽に山鳥の毛を取り付けた矢を撃ち込みます。すると悲鳴とともに何かが地面に落下したので、猪早太はすかさず駆け寄って刀でとどめを刺したといいます。

　怪物が退治されると近衛天皇の体長はたちまち回復し、その武勇に喜んだ近衛天皇は、頼政に「獅子王」という太刀を与えてその労をねぎらいました。

"弓"は妖怪退治の切り札!

鵺に向かって矢を放つ頼政。江戸時代末期の浮世絵師、歌川国芳の浮世絵集『列猛伝』より。

源頼政は、なぜ鵺退治に弓矢を使ったのでしょうか？それは鵺が空中にいたから、だけではありません。古くから弓矢という武器には、邪気を祓い清める力があると信じられていたのです。

弓を撃つという行為のなかで、邪気を祓う効果があるのは「音」です。引き絞った弦を解放したときの「ビン」という音、そして矢が飛ぶ風切り音が邪気を退けるのです。矢のなかには、笛のような構造で音を鳴らす儀式用の矢「蟇目」「鏑矢」もあります。

源頼政よりも100年ほど前、同じ源氏の「源義家」は、弦を3回鳴らすことで悪霊を退けています。源頼政が鵺退治を任されたのは、実は彼が源頼光の子孫だからではなく、前回も源氏の武将が悪霊を退治したからなのです。

鵺の正体は、夜に鳴く野鳥だった!

人間の想像力は本当にたくましいものだな。
頭が猿、胴体はタヌキ、手足が虎、尾が蛇の化け物が空を飛ぶ？ そんなものがいるはずがないではないか。

そうなのでしょうか？
『平家物語』には、こんなにはっきりと書いてありますけれど。

ああ、そもそも鵺が四本足の獣だとすること自体が間違っている。そもそも鵺というのは、野鳥の一種であって、獣ではないのだ。

初夏の北海道で撮影されたトラツグミの成鳥。撮影：Ohsaka

毎晩不気味な鳴き声を響かせて、近衛天皇を病にしたという「鵺」の正体は、トラツグミという鳥だとする説が有力です。体長30cmほどで、体色は黄色と茶色の鱗模様。林に住み、夜間や天気の悪い日にヒョウヒョウという不気味な声で鳴きます。

トラツグミは夜間に鳴くので「鵺」「鵺鳥」と呼ばれ、日本最古の歴史書『古事記』にも登場していたのですが、『平家物語』の影響で鵺といえば四足の怪物を示す言葉になり、トラツグミの別名として「鵺」が使われることはほとんどなくなりました。

妖怪退治十六番勝負⑨ 呪いの岩を一撃粉砕！ 玄翁和尚 VS 玉藻前

DATA
- 時代：1385年（室町時代初期）
- 舞台：那須湯本温泉
- 出典：能楽『殺生石』

　玄翁和尚は、僧としての名前を源翁心昭といいます。座禅を組む修行で知られる「曹洞宗」の僧侶で、各地を巡って寺院を開き、曹洞宗の教えを広めた人物です。現在では工具の世界で、金槌のことを「ゲンノウ」と呼ぶことがありますが、この名前は玄翁和尚が金槌を使ったことから付けられた名前です。

　一方で玉藻前は狐の大妖怪です。もとは中国で「白面金毛九尾狐」と呼ばれ、中国の王朝「殷」の皇帝の后として非道の限りを尽くしていました。その後インド、日本と渡り、こんどは「玉藻前」の名前を名乗って、鳥羽上皇（上皇とは、引退した天皇という意味）の愛人となっていました。ところが朝廷の陰陽師によって、上皇の病気の原因が人間に化けた妖狐玉藻前のしわざだということが発覚。玉藻前は逃亡しますが朝廷の軍隊に討伐され、その遺体は殺生石と呼ばれる石に変わりました。

　殺生石からは絶えず毒気が放たれており、石に近づいた者はもちろんのこと、石の上空を飛ぶ鳥さえも殺してしまうといいます

聖なるトンカチで妖狐の魂を救う

玄翁和尚win!
決まり手！祈祷＋金槌

　朝廷が南北に分かれて争った南北朝時代、1385年のこと、諸国をめぐっていた玄翁和尚は、下野国（栃木県）北部の那須野原を通りかかったとき、空を飛ぶ鳥が落ちる場面を目撃します。これを不思議に思っていた玄翁和尚の前にひとりの女性があらわれ、殺生石誕生の由来を語ります。実はこの女性は生者ではなく、玉藻前の亡霊だったのです。彼女は石を砕いて自分の魂を解放してほしいと、玄翁和尚に依頼して姿を消します。

　玄翁和尚は、彼女の魂を仏の道に戻してやろうと、儀式を行ったうえで、殺生石に金槌を打ち付けたのです。すると殺生石は3つに割れ、ひとつはそのまま那須高原に、もうふたつは美作国（現在の岡山県北部）と越後国（現在の新潟県）にある「高田」という場所に飛んでいったといいます。これ以来、殺生石の毒気はなくなり、鳥や人間がが毒気を浴びて死ぬこともなくなったということです。

妖狐「玉藻前」の西から東へ大逃走劇!

朝廷による玉藻前討伐は、日本の東西をまたにかけた一大事業となりました。

陰陽師、安倍泰成によって正体をあばかれた玉藻前は、怪現象を起こしながらただちに都を脱出。東国に向けて逃避行を開始します。

これに対して朝廷は、なんと8万人近くの人数を動員して、武士の三浦義明と上総広常を指揮官として東国に送り出しました。

那須の原で玉藻前を追い詰めた討伐軍は、激しく抵抗する玉藻前に雨のように矢を射かけて弱らせ、三浦義明の矢と上総広常の刀でとどめを刺したということです。

玉藻前の逃走ルート
① 正体をあばかれ逃げた玉藻前を……
② 8万の軍勢で追い……
③ 栃木県那須市で討伐!!

実は今でも有毒!? な"殺生石"

伝説によると、玉藻前の霊がなぐさめられたことで毒性が消えたという殺生石ですが、実は今でも殺生石は危険な存在です。

殺生石そのものの正体は、ただの石でしかありません。問題はこの石が置かれている場所が、温泉の近くであることです。殺生石付近には火山性の有毒ガスが常時吹き出していますが、殺生石があるあたりの地形はくぼんだ地形になっているので、空気より重い有毒ガスが殺生石付近に溜まり、濃度が上がりやすくなっているのです。

那須高原の殺生石。殺生石はしめ縄をつけられているひとつだけではなく、この写真内に散らばっている石すべてが殺生石と呼ばれています。

現在でも殺生石の付近に行くと、野犬や野鳥などの小型動物が絶命している場面に出くわすことがあります。

妖怪退治十六番勝負⑩ 大師様の知恵に妖怪もタジタジ
弘法大師 vs 手長足長

DATA
時代：平安時代
舞台：磐梯山（福島県）
出典：『会津の伝説』

　日本の歴史上もっとも有名な僧侶のひとり「弘法大師」。その僧侶としての本名は「空海」といいます。弘法大師は朝廷から与えられた称号で、仏の教えを広めることで、人々に利益をもたらした「弘法利生」の業績からついた称号です。

　弘法大師は仏教の一派「真言宗」の開祖であり、呪文や祈祷によって諸仏の力を借りてさまざまな奇跡を起こしたといわれています。特に水と関わる伝説が多く、日本各地に弘法大師が地面を突いて生み出したという湧き水や温泉地があります。その数は1000件を軽く越えるといいますから、いかに弘法大師が日本の庶民に人気がある僧侶だったかがわかります。

　妖怪「手長足長」は、福島県の磐梯山、山形県北部の鳥海山、長野県諏訪地方など、山のある場所に伝承が残る妖怪です。手長足長はふたり組の妖怪で、手長は手だけが異常に長い人間の姿、足長は足だけが異常に長い人間の姿をしています。ふだんは足長が手長を肩車することで、手足の両方を長く使えるようにしています。

弘法大師のコンパクト収納術

弘法大師win!
決まり手！
壺＋法力

　福島県の伝承によると、福島県西部の会津地方に手長と足長が住んでいました。彼らは手長の長い手で辺り一帯の雲を集めて会津上空に移すという悪事を働いていました。このため豪雨と日照り不足で稲や野菜が育たず、巨大な手長足長を討伐することもできないので、会津の農民はみな困り果てていました。

　ここに通りかかったのが諸国を行脚中の弘法大師でした。大師は農民たちの苦しい事情を聞くと、磐梯山に登り、手長足長に「お前たちはたいそう威張っているようだが、この小さな壺の中に入ることはできないだろう」と挑発しました。挑発に乗った手長足長が、長い手足を器用に折りたたんで壺の中に入ると、弘法大師はすかさず壺に封をして磐梯山の頂上に埋め、巨大な石を重しにして呪文を唱えました。こうして手長足長は、永久に壺から出られなくなったということです。

多くの英雄に退治された手長足長

手長足長はコミカルな外見だが、多くの地域で「悪事を働いて、誰かに退治される」内容の伝承が伝わっている妖怪だ。
手長足長に立ち向かった者と、その方法をふたりほど紹介しよう。

① 山神"大物忌神（おおものいみのかみ）"

　大物忌神は、山形県と秋田県の県境にある「鳥海山」に宿り、国家を守り穢れを清める山の神です。鳥海山の近くに手長足長があらわれ、人間を捕らえて食い始めたことに心を痛めた大物忌神は、この地に三本足の霊鳥を使わしました。霊鳥は、近くに手長足長がいるなら「有や」、いないときは「無や」と声を出して人々に知らせました。鳥海山のふもとにある三崎峠が「有耶無耶の関」と呼ばれたのは、霊鳥の声にちなんでのことだといいます。

　大物忌神は、手長足長を退治はしませんでしたが、その害から人々を守った神だといえます。

> この大物忌神というのは、伝承の舞台になってる鳥海山に宿ってる神様なの。鳥海山の山頂には、いまも鳥海山大物忌神社っていう立派な神社があるわよ〜♪

② 慈覚大師"圓仁（じかくだいし えんにん）"

　こちらも鳥海山の手長足長の伝承です。弘法大師よりも20歳年下の僧侶「圓仁」が、天皇陛下の命令で手長足長を退治するために鳥海山にやってきました。圓仁は山のふもとに大きな祭壇を作り、100日間の儀式を行います。すると不動明王（ふどうみょうおう）の仏像の目から閃光が放たれ、鳥海山の頂上ごと手長足長を爆散させたのです。

　なお、このとき鳥海山の頂上が吹き飛んで海に落ち、それが現在山形県北部沖にある「飛島（とびしま）」になったという伝承もあります。

弘法大師空海の妖怪退治話いろいろ

弘法大師の妖怪退治は手長足長だけじゃないのデス！弘法大師の書いた文字がいきなり光って天狗が逃げ出したトカ、呪文で炎を呼び出して悪い天狗を撃退したトカ、四国から化け狐をぜーんぶ追い出したから四国が化けダヌキの楽園になったトカ……日本全国に弘法大師が妖怪を退治した話があるのデス。すごすぎて書ききれませんネ！

妖怪退治十六番勝負⑪
猿を倒すのは犬か武士
岩見重太郎 VS 狒狒

DATA
| 時代：戦国時代末期 |
| 舞台：信濃国松本在吉田村 |
| 出典：岩見重太郎の講談 |

　江戸時代は、豊かになった都市住民「町人」によって、歌舞伎や講談などの庶民文化が花開いた時代でした。岩見重太郎は、弁士が物語をおもしろおかしく語って聞かせる「講談」の主人公として人気を集めた架空の武芸者です。

　物語によれば、岩見重太郎は"三本の矢"の逸話で有名な戦国武将「小早川隆景」に仕える剣術指南役の息子として生まれ、幼いころは虚弱だったものの、天狗の指導を受けて体格、剣術ともに一流の武芸者に育ちました。しかし、重太郎が城下で起こしてしまった刃傷沙汰の責任を取って、3年のあいだ諸国行脚の旅に出ているあいだに、父親が政敵のだまし討ちで暗殺されてしまいます。重太郎は仇討ちを誓い、別の大名の庇護を得て3000人の兵を集めた仇たちにわずか数名の戦友とともに突撃し、みごとに仇を討ち果たすことに成功したといいます。

　この岩見重太郎が、武者修行の途中に出会った怪物が"狒狒"です。狒狒とは大柄な猿のような妖怪で、人間を誘拐したり食べる性質があります。

箱に潜んで刀でズブリ

岩見重太郎win!
決まり手！金的攻撃＋投げ技

　岩見重太郎が仇討ちの決意を秘めて諸国を行脚していたころ、世話になった村で、庄屋の娘が山の神に人身御供の生け贄に捧げられると聞きます。重太郎は「人間を食べる神など神ではない」と怒り、その山神を退治することを決めます。

　儀式の手順では、生け贄の娘を大きな箱に入れて山まで運び、運び手が箱を下ろして立ち去ると、神が箱を開けて生け贄を"召し上がる"ことになっています。そこで重太郎は娘のかわりに箱の中に入り、小刀を握りしめて"山神"の到来を待っていると、箱を開けたのは毛むくじゃらの狒狒でした。

　重太郎はすかさず小刀を狒狒の胸に突き刺して深手を負わせます。狒狒が巣穴に逃走すると、重太郎は巣穴を火でいぶり出し、飛び出してきた狒狒の睾丸をつかんでそのまま何度も地面に叩きつけ、全身の骨を砕いて勝利しました。

妖怪退治の原型

猿を倒すのは犬の役目!?

人身御供を求める猿の神を退治するという物語は、平安時代末期に成立した『今昔物語集』にも収録されている歴史ある物語テーマです。ですが『今昔物語集』など古い時代の物語では、猿を退治するのはかならず「犬」の役目になっています。それまで犬が倒していた猿の神を武士が倒すようになるのは、おおむね江戸時代になってからのことです。

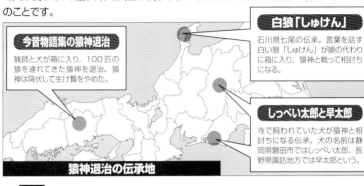

今昔物語集の猿神退治
猟師と犬が箱に入り、100匹の猿を連れてきた猿神を退治。猿神は降伏して生け贄をやめた。

白狼「しゅけん」
石川県七尾の伝承。言葉を話す白い狼「しゅけん」が娘の代わりに箱に入り、猿神と戦って相討ちになる。

しっぺい太郎と早太郎
寺で飼われていた犬が猿神と相討ちになる伝承。犬の名前は静岡県磐田市ではしっぺい太郎、長野県諏訪地方では早太郎という。

猿神退治の伝承地

妖怪退治のウラ事情

人身御供=巫女の単身赴任だった?

日本には、人間がその身を神や自然に捧げることでその怒りを鎮めようとする「人身御供」の伝説が数多くあります。ですが大正時代の神話学者「高木敏雄」博士は、日本の人身御供伝承のほとんどが創作だと考えるのと同時に、一部の伝承は「自然神の巫女を、祭礼の地へ送る儀式」が過剰に解釈されたものだと考えています。

例えば山の神の巫女は、山奥にある神社で一生を暮らすため、人里に住む家族とは会えなくなります。それでは家族にとって死んだも同然なので、「山の神の生け贄になって死んだ」と語られるようになったという説です。

岩見重太郎、大阪の陣に死す

講談によれば、仇討ちのあと彼は叔父の養子になって「薄田兼相」と名乗ったという。この薄田兼相というのがなかなか"濃い"人物でね、徳川家康が豊臣家にトドメを指した「大阪の陣」で、豊臣方の指揮官として砦のひとつを任されたんだが、「遊郭で遊女と遊んでいるときに砦を攻め落とされる」というとんでもない失態を犯しているんだ。だがその後の戦いでは、勇敢に戦って死んだことで武勇を高め、猛将として名を残した。この武勇が岩見重太郎の物語と結びついて、両者が同一人物だという設定が生まれたのだろうな。

妖怪退治十六番勝負⑫
大剣豪の妖怪退治
宮本武蔵 VS 小刑部姫

DATA
時代：	安土桃山時代
舞台：	姫路城天守閣
出典：	姫路城の伝説

　日本人なら知らぬ人のない大剣豪、宮本武蔵。並みいる剣客との対決が目立つ武蔵の活躍のなかには、妖怪と対決した伝説も残されています。それが現在の兵庫県に伝わる妖怪「小刑部姫」にまつわる伝説です。

　小刑部姫は、白亜の城として世界遺産にも登録された「姫路城」の天守閣に住む妖怪です。年に一度だけ城主の前に姿をあらわし、城の運命を告げるとされています。小刑部姫の伝承は非常に多くの文献に記録されており、伝承ごとに外見や性別はまちまちですが、老婆または若い姫の姿で描かれることが多いようです。

　能力のほうも伝承ごとにまちまちで、姿を見ただけで死ぬとするもの、無数の眷属をあやつり、人の心を読むとするものなどさまざまです。

幻の銘刀で勇気に報いる

武蔵win!
決まり手！　精神力

　時代は豊臣秀吉が天下を取った桃山時代、宮本武蔵がまだ10代のころにさかのぼります。

　伝承によれば、このころ武蔵は「滝本又三郎」という偽名を使い、姫路城主の木下家定に足軽として仕えていました。このころ姫路城の侍のなかでは、天守閣に妖怪が出るという噂が広まっており、みな妖怪におびえていたのですが、武蔵だけはまったく気にせず天守閣に勤めていました。武蔵の勇気を認めた城主は、それを見込んで彼に天守閣の妖怪退治を命じたのです。

　使命を帯びて乗り込んだ天守閣で、武蔵は突然吹き上がる炎や大地震のような揺れに襲われますが、眉ひとつ動かさずに天守閣の最上階にのぼり、退治するべき妖怪が出てくるのを待ち受けます。居眠りしてしまうほど長い時間のあと、武蔵の眼前に、十二単を身につけた美しい姫があらわれたのです。

　彼女は自分が姫路城の守護神であることを伝えると、妖怪退治の褒美として、武蔵に日本屈指の名匠であり、豊臣秀吉が愛好した3人の刀匠「天下三作」のひとりとして知られる「郷義弘」の刀を与えたといいます。

できたての城に妖怪が"住み着いた"ワケ

姫路城は、1580年ごろ、まだ織田信長の部下だった羽柴秀吉によって改築されたばかりの城でした。できたてほやほやの城に、天守閣を守護する妖怪がいるのには理由があります。

姫路城が建つ山には、もともと「刑部大神」の社が建っていましたが、城を改築した豊臣秀吉は、その社を町外れに移築していました。そのため姫路城で何か悪いことが起きると、姫路の人々は「刑部大神の祟り」だと噂したのです。

1611年には、姫路城主が相次ぐ怪現象に悩まされ、移築されていた刑部大神の社を天守閣内に再移築するという事態に発展しています。こうして姫路城天守閣には神がいるという噂がさらに広まり、「刑部大神」という名前が変化して、小刑部姫の伝承に発展していったのです。

姫路城天守閣の最上階に現存する刑部神社。

宮本武蔵は小刑部姫に"買収"されていた!?

このお話、気前のいい小刑部姫が宮本武蔵にご褒美をあげたって話になってるけど、私、これは違うんじゃないかとおもうわ～。
いい？ 実は宮本武蔵は、小刑部姫に買収されていたのよ～!!

な、なんですって～!?

そもそも刑部明神って城の守護神でしょう？
城の未来を知り、見ただけで死ぬような強大な神様が、城内の妖怪をほったらかしにしているのがおかしいわ～。

たしかにそのとおりデス！
妖怪が邪魔なら、神様パワーなり眷属なりで追い払ってしまえばいいはずデス！

ええ、そう考えると、武蔵が出会った怪現象は、小刑部姫か部下のしわざにちがいないわ～。おどかしても効かなくてメンツが立たなくなった小刑部姫が、「銘刀をやるから口裏をあわせろ」って要求した結果、こういう伝説になったにちがいないわ～！

ふむ、ありえる話ではあるが……答えがないのだから正解の見つけようもなかろう。私はむしろ、未成年だった宮本武蔵を足軽として働かせる、という設定で物語が作られた背景のほうに興味が湧くところだ。

妖怪退治十六番勝負⑬
30日間耐久肝試し
稲生平太郎 VS 山ン本五郎左衛門

DATA
時代	江戸時代
舞台	稲生邸（広島県三次市）
出典	『稲生物怪録』

　この妖怪退治伝承『稲生物怪録』は、江戸時代の安芸国（広島県）を舞台にした物語です。主人公は安芸国三次藩に実在したという武士「稲生武太夫」で、作中では彼の少年時代の名前である「稲生平太郎」の名前で登場します。誇り高い若武者であり、名誉を重んじ、何事にも動じない忍耐力の持ち主です。

　この平太郎と対決する妖怪は、魔王を自称する「山ン本五郎左衛門」です。平太郎の前には壮年の武士のような姿で出現しましたが、その正体がどのような妖怪なのかはわかりません。多くの物の怪を使役する強大な妖怪であるか、多数の幻を見せる神通力を持っているか……いずれにしても強力な妖怪であることだけは確かです。

ただひたすらに耐え続ける戦い

稲生平太郎win!
決まり手！ 忍耐力

　『稲生物怪録』の舞台となった江戸時代中期、日本では「百物語」という肝試しが流行していました。百物語は、数人の人間が集まって1話ずつ怪談を話していき、語り終わったら、明かりのない廊下を手探りで進み、別の部屋においてある100本の明かりをひとつずつ消していくという遊びです。100話目まで語り終えると本物の怪奇現象が起きてしまうため、99話目まで語ったところで朝を待つのが作法だといいます。

　稲生平太郎は、幼なじみの権八と百物語の肝試しを行ったのですが、100話語り終えても怪現象は発生しません。がっかりして帰路についたふたりでしたが、翌日の7月1日から、平太郎の家はさまざまな妖怪、怪現象に襲われるようになりました。

　妖怪や怪現象は、平太郎の胆力を試すように毎日休みなくやってきますが、平太郎は動じることなく妖怪のおどかしを受け流し続けます。すると7月30日、「山ン本五郎左衛門」と名乗る武士風の男がやってきて、自分が「100人の人間をたぶらかせば魔王の頭になれる」という目的のために平太郎をおどかしていたものの、平太郎を怖がらせることができず敗北したことを報告。平太郎を「そなたほどの勇者はめったにいない」と賞賛して去り、それ以降怪異があらわれることはなくなりました。

『稲生物怪録』の30日

『稲生物怪録』の物語は、"魔王"山ン本五郎左衛門と、"若武者"稲生平太郎の、30日間にわたる壮大な肝試し勝負の物語だ。
稲生平太郎が30日でどのような攻撃を受けたのか、簡単に紹介しよう。

日付	できごと	日付	できごと	日付	できごと
1日	毛むくじゃらの大男が屋敷に侵入し、取っ組みあいのすえ大男は逃亡。	11日	稲生家のすりこぎとすり鉢が、勝手に動いて仕事をしている現象に出くわす。	21日	行灯の光で、壁に影絵のようなものが写る。何か釈をしているように見える。
2日	夜中に布団から水が湧き出し溺れる。しばらく我慢すると水は引いていった。	12日	押し入れから巨大なガマガエルが出現。翌朝にはただのつづらになっていた。	22日	ほうきがひとりでに部屋を掃除しはじめ、平太郎は「朝らしい風景だ」と笑う。
3日	上下逆さまになった女の生首があらわれ、平太郎の膝や頭に乗って舐め回す。	13日	妖怪よけのお守りを買いに行く途中、友人が赤く光る石に打たれ買い物中止。	23日	権八の家で、家財道具が室内に勝手にばらまかれる現象が発生する。
4日	棚の上に置かれていた紙が舞い上がり、まるで蝶のように舞いはじめた。	14日	天井に老婆の顔があらわれて舌で舐めてくるが、害がないので放置する。	24日	行灯が石の塔に変わり激しく燃え出す。しばらく見ていると元に戻った。
5日	大きな石から蟹の目と大量の指が生えた姿の怪物が這い寄って来る。	15日	居間の畳が糊でベタベタになり、横になれないので、座ったまま夜を明かす。	25日	軒下にいた妖怪"青入道"を踏みつけ、一時足が動かなくなってしまう。
6日	老婆の巨大な顔が薪小屋の扉をふさぐ。眉間に刃物を刺しても痛がらない。	16日	居間の額が軽快に鳴るので調べると、以前家来がなくした刀が落ちてきた。	26日	寝ている平太郎の上を、青い顔で内臓をぶらさげた女の生首が飛び回った。
7日	権六が「巨大な坊主」の幻覚を見せられ、ほかの友人を攻撃してしまう。	17日	串刺しの生首が寝床の周囲を飛び回るが、平太郎は怖がるどころかおもしろがる。	27日	昼間から部屋の中が暗くなる。しばらくすると逆に燃えるように明るくなった。
8日	親戚が来訪。話の途中、塩の俵が空中を飛び回り、塩をまき散らした。	18日	床の畳が細い糸で天井にくくりつけられたり、錫杖が飛び回る怪異が発生。	28日	何人もの虚無僧が平太郎の家に上がり込み、尺八を演奏するのでうるさかった。
9日	来訪した知人が、不始末を恥じて切腹。これは妖怪が見せた幻覚だった。	19日	罠の名人が妖怪退治の罠を仕掛けるが、罠は屋根の上に捨てられていた。	29日	星の光のようなものが室内に入り込み、粉々になって部屋中を飛び回った。
10日	妖怪が知人に化けて来訪。頭が割れて、中から数人の赤ん坊が這い出てくる。	20日	知人の娘が菓子の入った重箱を持参。この重箱は隣家で突然消えたものだった。	30日	武士の姿をした山ン本五郎左衛門が、降参しにやってきた。

こんなに化かされたのに、怖がるどころか楽しんでいらっしゃいますね……。
本当にすばらしい胆力だと思います。これでは山ン本五郎左衛門さんも、負けを認めて平太郎さんを持ち上げるしかないでしょう。

妖怪退治十六番勝負⑭
化かされサムライの大逆転劇
大石兵六 vs 吉野の悪狐

DATA
時代：南北朝時代
舞台：薩摩国（鹿児島県）
出典：『大石兵六夢物語』

　鹿児島県西部にあたる薩摩国は、独特の武士文化を持つ地です。武家の子供は親元を離れて集団でスパルタ教育を受け、女性とは話すどころか目をあわせるのも恥だと考える。そんな薩摩の武士文化のなかで生まれた作品が、江戸時代後期の創作『大石兵六夢物語』です。主人公の大石兵六は、誇り高くて意地っ張りな典型的な薩摩武士の若者です。この兵六が、友人たちの挑発に乗り、薩摩国で悪事を働く狐たちを討伐するのが『大石兵六夢物語』の物語の内容です。

　大石兵六が討伐しようとしているのは、現在の鹿児島市近郊にある吉野台地に住み着いている数百匹の化け狐でした。彼らは白い毛並みの老狐を指揮官とし、一丸となって兵六を迎え撃とうと策略を練っていました。

坊主にされても心は折れず

大石兵六win!
決まり手！
復讐の執念

　狐退治に向かった兵六ですが、「茨木童子（→p164）につまみ上げられる」「一つ目の大入道におどろかされる」「茶屋の美女がろくろ首だった」などの妨害を受け、目の前の相手が妖怪なのか人間なのかもわからない、疑心暗鬼におちいってしまいます。

　そんななか兵六は、夜道を歩いている怪しい女性を「狐が娘に化けている」と思って捕らえますが、駆けつけた村長（武士）の手勢に逆に捕まってしまいます。武家の娘に狼藉を働いたとして処刑されそうになっていた兵六は、通りすがりの僧侶の説得で命を救われます。感激した兵六は、寺に入って僧侶になることを誓い、風呂に入って身を清めると髪の毛をそり落としました。ところがここで狐のネタばらし。実は最初の女性も村長も僧侶も、みな吉野の狐の変装だったのです。

　武士の命である髷を剃られ、風呂と偽って肥溜めに漬けられた兵六は、怒りに目の色を変えて狐を探し回ります。兵六は逃げた狐のうち2匹が地蔵に化けたのを見破ると、地蔵に花を献上するフリをして、狐2匹を刀で串刺しにしました。この怒りに狐たちは震え上がり、以降あまり人里に近づかなくなったということです。

妖怪退治の被害状況

悪狐はなぜ髷を剃ったのか?

『大石兵六夢物語』は、あくまで江戸時代の創作作品だが、当時の薩摩の習俗や、武士の価値観などがわかって興味深い作品だ。なかでも、悪役の狐たちが最後に狙ったのが、兵六の「髪の毛」だということは注目すべきだろう。

吉野の悪狐たちが行った攻撃のうち、もっとも兵六を怒らせたのは「髷を剃った」ことでした。この物語が書かれた江戸時代では、髪型とはその人の身分をあらわす身分証明のようなものであり、武士が正しい髷を結うことができないのは、非常に格好が悪く情けないことだったのです。

江戸時代の浮世絵師、葛飾北斎が描いた、武士の典型的な髪型。「町人」の場合は頭頂部の毛を剃った部分「月代」を武士より大きくしたり、子供は「童髪」といって髪を剃らないなど、身分と年齢によって髪型が違うのが常識でした。

妖怪退治のウラ事情

社会批判のために書かれた物語

この『大石兵六夢物語』が書かれた背景には、2つの説が提示されています。ひとつは単純な娯楽作品だというもの。もうひとつは社会風刺を目的としているというものです。

この作品が書かれた18世紀中ごろの薩摩では、西洋文化を取り入れ商業を強化する政策が行われ、その副作用として悪徳商人や小役人が私腹を肥やしていました。作者はこれらの悪人の行いを狐にたとえ、登場人物に批判させたともいわれています。

『大石兵六夢物語』の風刺の例

兵六が狐を「国家の財産をむさぼった古狐」と非難する
→薩摩藩の商業重視政策を推し進める重臣への批判

狐が化けた僧侶が、仏教の宗派「禅宗」のことを「銭宗」と言う
→拝金主義に染まった寺社への批判

兵六はいまでも薩摩の人気者

諸君は「ボンタンアメ」という菓子を知っているか? オブラートに包まれたグミのような箱入り菓子なのだが、この人気商品を作っている「セイカ食品」の名物商品に、大石兵六をモチーフにした「兵六餅」がある。戦争の前から鹿児島県民に愛されている商品でね、進駐アメリカ軍に「パンツをはいていないけしからん箱絵」だと、発売禁止にされそうになったこともあるんだ。

妖怪退治十六番勝負⑮
虎狩りの猛将、河童退治の軍略
加藤清正 VS 九千坊河童

DATA
時代：江戸時代初期
舞台：熊本県
出典：奇談集『本朝俗諺志』など

　江戸時代には、戦国時代に活躍した武将が妖怪を退治したという言い伝えが多数生まれました。なかでも特に「大名らしい」派手な妖怪退治を行ったのが、豊臣秀吉の側近として名をあげ、朝鮮半島に遠征したときは得意の片鎌槍で虎を倒したという逸話を持つ「加藤清正」です。彼は「大阪城夏の陣」で豊臣家が滅亡する直前まで、九州の肥後国（熊本県）の大名をつとめていました。優れた治水技術で肥後の田畑を潤した名君である一方、つねに戦争の準備をおこたらず、腰に5kgの兵糧米を巻きつけて、いつでもすぐ出陣できるようにしていたという猛将でした。

　この加藤清正と戦ったのは、「九千坊河童」というガラッパ（"河童"。肥後国では"カッパ"ではなくこう読みます）でした。1000年以上前に中国から日本に渡ってきた河童一族の頭領で、9000匹の河童を部下として従えていることからこの名があります。彼らは肥後国南部を流れる大河、球磨川の流域に強大な勢力を築き「西国一の河童」と呼ばれていたといいます。

河童軍団には猿軍団で対抗！

加藤清正win!
決まり手！　毒＋焼石＋猿

　九千坊河童の手下たちは、球磨川の流域で我が者顔で悪事を繰り返してしました。あるとき河童のひとりが、加藤清正が寵愛していた小姓の少年を川に引き込んで殺してしまいます。加藤清正は激怒して、復讐のために球磨川の河童を根絶やしにすることを宣言します。

　加藤清正は、大量の僧侶を集めて祈祷を行わせ、球磨川のあちこちに焼けた石や毒液を流して河童をいぶりだし、領民に猿を集めさせて河童たちにけしかけました。猿は河童の天敵だとされており、猿は河童を見ると力を増し、河童は猿を見ると立ちすくむと考えられていたのです。この苛烈きわまる攻勢に清正の本気を見た九千坊は、一族の滅亡を避けるために清正に降伏して二度と悪さをしないと誓ったとも、肥後から逃げ出して北隣の筑後国（福岡県南部）に入り、現地大名の許可を取り付けて筑後川に移住したともいわれています。

妖怪退治のウラ事情

中国の「呉」と肥後の古い関係

熊本県八代市にある「河童渡来の碑」には、九千坊河童の一族は、16代仁徳天皇（4世紀ごろ在位）の時代に、中国南部の大河「揚子江」から、海を泳いで八代にたどりついた河童だと書いています。

仁徳天皇の在位から約100年前、揚子江周辺を支配した有名な「三国志」の一国、「呉」の国の歴史書には、呉の軍が日本や台湾らしき「東方の島」で人狩り（奴隷調達）をしようとして失敗したという記録があり、呉と九州に人の行き来があったことを示しています。

呉国と肥後国の位置関係

「呉」の国　／　肥後国（熊本県）　／　九千坊河童移住ルート

> 日本と中国の交流といえば聖徳太子が有名だが、それよりもっと古い時代から人と技術の行き来があった。それが妖怪伝承に変わって現代まで語られているのだな。

妖怪退治のウラ事情

社会批判のために書かれた物語

加藤清正が九千坊河童を退治したという伝承は、なんらかの歴史的事実を妖怪退治物語に書き換えたものである可能性があります。

肥後の歴史によると、清正の統治に従わない海の民が一揆を起こし、清正の軍がそれを鎮圧したという記録があります。実際に当時の九州には、日本海を荒らし回る「倭寇」と呼ばれる商人兼海賊の集団拠点があったのは事実です。上で説明されている「呉からの渡来説」とあわせると、中国から移住した船乗りたちが日本人化して倭寇となり、清正に反抗した可能性もあるのです。

猿は河童より潜水上手？

河童の天敵が猿なのは、日本中にある、河童が水中に馬を引きずり込もうとする「河童駒引」っていう伝説で、河童のたくらみを邪魔するのがかならず猿だってあたりに関係がありそうね〜。
それと、「猿は河童より潜水が上手」って言い伝えもあるわ。河童は半日しか息を止められないけど、猿は丸1日潜れるって信じられてたのよ〜♪

妖怪退治十六番勝負⑯
怨霊祓った江戸のヒーロー
祐天上人 VS 累(かさね)

DATA
- 時代：江戸時代
- 舞台：千葉県
- 出典：『死霊解脱物語聞書』など

　祐天上人は、江戸時代前半期に活躍した「浄土宗」の僧侶です。説法がうまく、人の心をつかむことに長けていたので、民衆向けの僧侶として多くの信者を獲得し、庶民のヒーローとなりました。

　祐天上人は、「ナムアミダブツととなえるだけで救われる」と教える浄土宗の僧侶のなかではめずらしく、悪霊を祓う呪術師としても高い名声を得ていました。祐天上人の悪霊払いはさまざまな物語の題材になりましたが、なかでもとびぬけて有名なのが、下総国(しもうさ)（現在の千葉県）の怨霊「累」を成仏させた物語です。

連鎖する子殺し、妻殺し

祐天上人win!　決まり手！　念仏祈祷

　累は、与右衛門という農家の一人娘でしたが、外見が醜く、目と足に障害がありました。与右衛門は、累に婿を迎えて二代目としたのですが、すぐに死んでしまいます。もともと財産目当てだった二代目与右衛門は、その後邪魔な累を殺し、土地をすべて手に入れました。

　そして二代目与右衛門は新しい嫁を迎えようとしますが、結婚するたびに妻が早死に。ようやく６人目の妻が菊という娘を産みますが、菊が14歳になると妻は死んでしまいました。すると、殺された累の死霊が菊に乗り移り、与右衛門の妻６人は全員自分が取り殺したことを告白。与右衛門への恨みを晴らすことを宣言します。

　ここで与右衛門が助けを求めたのが祐天上人でした。上人は「与右衛門に罪はあっても菊には罪はない」と累を説得し、念仏を唱えて成仏させたのですが、それでは騒動は終わりませんでした。菊の様子がふたたびおかしくなり、祐天上人が看てみると、菊には「助(すけ)」という別の死霊が取り憑いていたのです。助は累が生まれる前に死んだ義理の姉で、足と目が不自由なため初代与右衛門に殺されていたのです。助は成仏できた累がうらやましく、祐天上人に成仏させてもらうためにあらわれたのでした。

　祐天上人は助を成仏させてやるとともに、妻殺しの二代目与右衛門を仏門に入れ、一生かけて累の菩提(ぼだい)を弔(とむら)うように命じたと言います。

世代を"累ね"ても積もる恨み

実は累は、誕生からして呪われた子供でした。彼女の累という名前は、先代与右衛門に殺された「助」と同じように、醜く、目と足が不自由な娘だったことから「助が"累ねて"生まれてきた」という意味でつけられたものでした。助を殺した初代の罪が「累」にあらわれ、その累を殺した二代目与右衛門の罪が「菊」への憑依としてあらわれたのです。

この物語は、因果はかならず応報し、恨みと憎みは世代を重ねても消えないことを示しています。

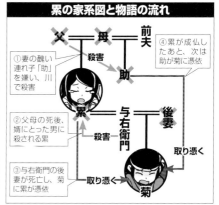

累の家系図と物語の流れ
- ①妻の醜い連れ子「助」を嫌い、川で殺害
- ②父母の死後、婿にとった男に殺される累
- ③与右衛門の後妻が死亡し、菊に累が憑依
- ④累が成仏したあと、次は助が菊に憑依

この物語は祐天上人の力をアピールし、浄土宗の信者を獲得するために広められた。だから、仏教の教えである因果応報の要素が盛り込まれているのだ。

親殺し、子殺しも普通だった農村社会

日本の一般庶民が、いつでも満足にご飯を食べられるようになったのは20世紀後半以降のことです。それまでの庶民は、天候によって激しく増減する食料生産に振り回され、困窮すれば醜く弱い子供や年老いた親を殺すことは当たり前でした。

特に農村では、7歳未満の子供はちょっとしたことで死んでしまうため人間扱いされておらず、食糧不足のときは真っ先に子殺しの対象となりました。農村ではこういった子殺しを「間引き」と呼んでいました。『遠野物語』の作者である柳田國男は、幼いころに「間引き」を題材とした絵馬を目撃し、その衝撃から、子供が飢えることのない社会を作ろうと、農政の道を志したといいます。

江戸のスーパースター退魔師、祐天上人

娯楽を好む江戸の一般庶民にとって、農民出身ながら将軍の儀式を執り行い、浄土宗のトップに上り詰め、数多くの悪霊を祓った祐天上人は、もっとも身近なヒーローだったようだ。当時は宗教の世界にも身分の壁が大きくてな、有力な僧の血筋ではなく、ただの農民出身の祐天上人が宗派のトップになるというのは非常にめずらしいことだったのだ。

秋葉の妖怪まめちしき③「妖怪退治のテクニック」

妖怪は人間の恐怖から生まれたものじゃ。ということは、妖怪の恐怖から逃れるためには、妖怪を退治せねばならんということになるのう。
そんなわけで人間たちは、手を変え品を変え、妖怪と戦うための技術を編み出しておるのじゃ。

　妖怪が実在することを信じていた時代の日本人は、人間に危険をもたらす妖怪を倒し、撃退するための方法を模索しました。人類が編み出した妖怪退治の方法には、大きく分けてふたつのコンセプトがあります。

コンセプト①神仏の力を借りる

　妖怪よりも強大な、神や仏の力を借りることで妖怪を屈服させ、追い払おうとする考え方です。特に仏教の一派である「密教」や、密教から派生した「修験道」では、神や仏に祈る呪文、仏具や香などを使う神聖な儀式、神聖な文字と模様を書き込んだ「霊符」などを使い、邪な障害 "魔障" である妖怪を調伏、退散させる技術が発達しています。

炎とともに行う「護摩行」の儀式。そのひとつ「調伏法」によって、怨敵、魔障を除去することができます。つまり魔障のたぐいである妖怪にも有効な手段です。撮影：唐山健志郎

　この方法のデメリットは、長い時間修行を続けて、宗教者としての徳を高めた者でないと、神や仏の威光を引き出せず、妖怪にぶつけることができないことです。

コンセプト②妖怪の弱点を突く

　妖怪に立ち向かうのが、修行の心得のない一般人である場合、妖怪を力で押さえつけることはできません。妖怪の弱点を知り、それを的確に突くことで妖怪を追い払い、害を避けることが必要になります。
　例えば猿の妖怪は犬が弱点なので、犬を連れて行くと効果があります。河童の場合は、左右の腕がつながっていて抜けやすいという弱点があるので、河童と相撲を取ることになった場合は、片方の腕を強く引っ張るといった具合です。
　妖怪の行動パターンを崩すことも効果があります。例えば一つ目小僧は人間の悪事を記録した帳面を、道の地蔵「道祖神」に預けて２ヶ月後に受け取りに来るので、そのあいだにダミーのほこらを作ったり、道祖神の像を焼き清めれば、帳面が失われ、悪事が天に報告されることはありません。

別れは再会の前準備!

……みなさん、もう東京へ帰られるのですね。
なんだかあっというまだった気がします。名残惜しいですね。

うむ、もうすこし残ってフィールドワークをしていきたいところではあるのだが、我々もそれぞれ執筆、講義などがあるからな。研究ばかりというわけにもいかん。
それと君たち、柳田の妖怪ごっこにつきあうのはほどほどにな、調子に乗る。

もう、マドカってば、ホンモノの座敷童子に河童だって言ってるじゃないの〜。
まあ、マドカはあいかわらずだったけれど、今回は本物の座敷童子ちゃんとお話しできて有意義だったわ〜。またお話聞かせてね〜？

(もじもじしながら)
……あの、あのね、座敷童子ちゃん……。
また、会えるかな、お話、聞けるかな……？

……うん、そうだね。わかったよ河童ちゃん。
みなさん、私も河童ちゃんも、みなさんが訪ねてきてくれて本当にうれしかったです。
またいつか、お会いできますか？

もちろんデス！ ワタシもクニカサンもマドカサンも、おふたりと遠野がダイスキなのデス。次に来るときは、ふたりのお仲間がたくさん出てくるお話を書いて持ってきマスからね。それじゃあ See you、"またね"デス！

ありがとうございます、そのときをお待ちしています。
(手を振りながら)それでは皆さん、ごきげんよう、お元気で……！
……行ってしまいましたね、河童ちゃん。

萌える！妖怪事典 伝承編　これにておしまい！

イラストレーター紹介

この本のために、多くの方が妖怪のイラストを描き下ろしてくださったと伺いました。素敵な妖怪を描いてくださった、47名のイラストレーター様をご紹介いたします。

島風
- 表紙

九尾を描かせていただきました島風と申します。
九尾ということでもふもふさと豪華絢爛な感じを目指しました。

Soundz of Bell
http://homepage2.nifty.com/sob/

C-SHOW
- 案内キャラクター
- 巻頭、巻末コミック

ナビキャラやコミックを担当させていただきました! 今回は遠野が舞台ということで、國香先生やクダちゃんたちに新しい仲間、座敷童ちゃんと河童ちゃんが増えましたが、なんでも話によると遠野の河童の顔は赤いんだそうですね。そんなわけで、一度試しに真っ赤にしたら……なんだか凄惨な感じになったので普通に戻しました。

おたべや
http://www.Otabeya.com/

とんぷう
- 扉ページイラスト
- 足洗邸(p51)

今回は様々な伝承に登場する妖怪達ということですが、コレっていわば昔の都市伝説みたいなモノですよね? そう考えると極々特定の地域で語られてただけで、もう残ってないけど面白い話とかあったのかなぁ…とか考えると色々興味深いです。多分とんでもないのがありますよ。

ROCKET FACTORY
http://rocketfactory.jpn.org/

ヤッ
- 三吉鬼(p23)
- 牛御前(p49)

どうもヤッと言うものです。
最近妖女結構描いてたのでこう言う機会貰えて大変満足です!
今回妖怪って事もあって和風でしたが、洋風な妖女も描いてみたいですねぇ…

ヤッのブログ
http://blog.livedoor.jp/yatt83/

オノメシン
●羅刹鬼(p31)

ガチムチ鬼娘が描けて楽しかったです。

弾丸ハニィ
http://mauishook.blog.fc2.com/

がねさぎ
●化け蟹(p35)

今回化け蟹を担当しました、がねさぎと申します。
少し不慣れな表現等がありましたが蟹らしさが少しでも伝わればなと思います。
そしてこの化け蟹、どうやらこのあと退治されてしまうようです・・・どうか安らカニ。

Pixiv ページ
http://www.pixiv.net/member.php?id=193757

rioka
●川熊(p37)

川熊を描かせていただきました、riokaと申します。
川熊のご指定をいただいた時、元気でかわいらしい悪戯っ子な小熊というイメージが浮かびました。
昔の日本の川で遊ぶ、おてんば娘な妖怪を表現出来ていたら嬉しいです。

サザンブルースカイ
http://moorioka.moo.jp/

リリスラウダ
●鮭の大助・小助(p39)

鮭の大助と小助を描くことになりいろいろ調べていたのですが、そのままの鮭で描かれていることが多く、どうやって可愛い女の子にしようか悩みました。
最終的に人魚で大助と小助の名前にちなんだ体型にしてみました。我ながら可愛く描けたんじゃないかなと思います。

リリスラウダ研究所
http://llauda.sakura.ne.jp/

玉之けだま
●オボ(p45)

前作「萌える!妖怪事典」に続いてまたまたけみみの妖怪を担当させて頂きました。
今回は前回よりもえっちな妖怪に描いてみました。

毛玉牛乳
http://cult.jp/keda/

tecoyuke
●夜道怪(p47)

この度、夜道怪のイラストを担当させていただきました、tecoyukeです。
こっそり現れては子供をさらっていく妖怪とのことで、妖艶で怪しい雰囲気になるよう描いてみました。
結構大胆な恰好で子供もびっくりしそうです。

Pixiv ページ
http://www.pixiv.net/member.php?id=4857336

あみみ
●安宅丸(p53)

今回はなんと…お船の擬人化です！ はりきって描きました！
嘘くさい江戸を描いておいてなんですが、江戸についての資料を読むたびに、ふらっと江戸に日帰り旅行に行ってみたくなって妄想が広がります。

えむでん
http://mden.sakura.ne.jp/mden/

湯浅彬
●イクチ(p55)

湯浅彬と申します。今回はウナギの妖怪、イクチを描かせて頂きました！
左下にある、なにやら黒い棒を美味しそうに狙っていますが、
これは船のオールです。オールですよ…？

さく.COM
http://yuasaakira.tumblr.com/

OrGA
●百目鬼(p57)

百目鬼のイラストを担当させていただきました！ 百目と百目鬼って違う妖怪だったんですね。依頼を受けるまでごっちゃになっていました。日本の妖怪は多種多様で、こんなんどこから出てきたんだよ、みたいな変わった妖怪もいて面白いですね。

MORIYA
http://moriya.iza-yoi.net/

ムロク
●一つ目小僧(p59)
●一本だたら(p97)

一本だたらと一つ目小僧を担当させてもらったムロクです。
二人とも一つ目らしいですね…かわいい…
私のイラストで皆さんが妖怪について興味を持ってもらえたら嬉しいです！

Pixiv ページ
http://www.pixiv.net/member.php?id=3152790

彩葉
●蓑虫(p63)

蓑虫を担当させて頂いた彩葉です。参考資料のために購入したWIXOSSのカードでデッキを組んでみました。対戦者お待ちしております！

Aqr9 & FourSeasons
http://a9-4s.sakura.ne.jp/

湖湘七巳
●朱の盤(p65)
●イラストカット

朱の盤などを担当させていただきました湖湘七巳と申します。
大好きな妖怪をたくさん描けて幸せでした！
商業誌で稲生物怪録のカットを描ける日が来るなんて…絵を描き続けてて良かったなぁとしみじみ感じています。

極楽浄土彼岸へ遥こそ
http://homepage3.nifty.com/shichimi/

小倉んぱん
●鬼女紅葉(p67)

鬼女紅葉を担当させて頂きました、小倉んぱんです。
まゆげとおっぱいが好きです。今回は普段描かない
モチーフに挑戦させて頂いたので楽しく描けました。
手にとっていただけた方に紅葉さんとまゆげとおっぱ
いの魅力が伝えられれば幸いでございます。

Pixivページ
http://www.pixiv.net/member.php?id=508876

inoshishi
●管狐&飯綱(p71)

今回、飯綱&管狐ということで、元気なイタチっ子と
クールなキツネっ子を描かせて頂きました。それぞ
れ対照的となるよう表情やデザインに気を付けてみま
した。さらに二人とも、召喚してくる少女のことが大・大・
大好きなのだ〜という雰囲気が伝わってくれたらいい
なと思います。あなたはどの子がお好みでしょうか?

Pixivページ
http://www.pixiv.net/member.php?id=1303816

天領寺セナ
●一目連(p77)

はじめまして。一目連を担当させて頂きました天領寺
セナと申します。個人的に妖怪というと悪さをする怖
い存在という印象があったのですがなんとこの一目
連。龍の神様だったなんて! 驚きでした。なので神
秘的に美しく! を目指してみました。
お誘い本当に有難うございました!

ROSY LILIY
http://www.liliium1029.com

しかげなぎ
●覚(p79)
●イラストカット

こんにちは。今回は何でもお見通しの覚ちゃんやカッ
トを描かせていただきました。
中でも妖怪退治のカットで前から愛着のある手長足長
さんを描けて楽しかったです。
道端で偶然あっても手長足長さんには顔馴染みのよ
うな態度をとると思います。

SUGAR CUBE DOLL
http://www2u.biglobe.ne.jp/~nagi-s/

月上クロニカ
●千疋狼(p83)

こんにちわ〜今回は「千疋狼」を描かせていただき
ました〜
人にとって近しいような、遠いような、そんな微妙な
立ち位置のわんちゃん達は、独特の魅力に溢れてい
ますね!
楽しんでいただけたなら幸いです。

CheapHeartArk-PictHut
http://tsukichro.chottu.net/

らすけ
●葛ノ葉狐(p88)

葛ノ葉を担当しました、らすけと申します。イラスト
の題材は娘(本来は息子ですが)の安倍清明とのお
別れのシーンです。白髪、狐耳、胸という自分にとっ
てとても好みの要素を詰め込んで制作させていただ
いたので今生の別れのシーンのはずの清明には悪い
のですが描いていてとても楽しかったです。

Raison d'etre
http://rathke-high-translunary-dreams.jimdo.com/

田中健一 (たなかけんいち)
●鞍馬天狗(p91)

イラストレーターの田中 健一と申します。今回は「鞍馬天狗」を担当させて頂きました。天狗の定番衣装である山伏風の服装をどう可愛くアレンジするか頭を悩ませましたが、上手く出来たのではないかと思っております。空を駆ける天狗様の勇ましくも魅惑的な雰囲気を感じて頂けたら幸いです！

BaR H/G
http://www.geocities.jp/jyuryoku/

40原 (しまはら)
●清姫(p93)

今回事典シリーズで清姫のイラストを担当させて頂きました。
安珍に異常なまでの執着心をみせる清姫はなんか今で言うヤンデレっぽいなと思いヤンデレ風蛇娘に仕上げてみました！
日頃あまり描かない妖怪娘が描けて楽しかったです！

アニマシーン
http://animachine.main.jp/

たかへろ
●鬼童丸(p95)

鬼童丸を描かせて頂きました、たかへろです。
荒々しさが少しでも出せる様に、構図的に目立つ位置にある脛当をごっつく描いてみました。
これが描くのも塗るのもとても楽しかったのです。

あんぷりふぁ！
http://takaheron.blog.shinobi.jp/

逢倉千尋 (あいくらちひろ)
●片輪車(p99)

今回はさらった子どもと一緒に遊ぶ片輪車さんを描かせていただきました。子供をさらってのちに返しに来るという話があったので、寂しくて遊びたかったのかなーという方向で……！車輪におじさんの顔がないほうです！

Souvenir kio Soliton
http://chihi.org/

nove (のーう)
●山彦(p103)

山彦のイラストを描かせていただきました。
よく知られてる現象ですが漢字の名前だと印象が違って面白いですね！
今回は山の中で呼び声に応えるアイドル風をイメージしてみました。

Pixiv ページ
http://www.pixiv.net/member.php?id=892097

御園れいじ (みその)
●隠神刑部狸(p106)

今回「隠神刑部狸」を担当させて頂きました、御園と申します。
松山には一度しか行けてません。是非一度タルト人(の着ぐるみ)に生でお会いしてみたいです…。

Grazie!!!
http://algirl.vni.jp/

大山ひろ太 (おおやまひろた)
●笑い女(p109)

笑い女を担当させて頂きました大山と申します。妖怪は大好きなモチーフなので楽しく制作することができました。笑い女には出会いたくないですが、いつかすねこすりにこすられたいです。

Pixivページ
http://www.pixiv.net/member.php?id=12187992

田島幸枝 (たじまゆきえ)
●七尋女房(p111)

「七尋女房」を担当した田島幸枝と申します。
一定の需要があると言われる巨娘！ということで、巨娘への浪漫を表現してみました。
こんなに大きいと色々大変だろうな…と色々想像しながら今回も楽しく描かせていただきました。

norari
http://norari.jp/

じんつき
●坊主狸(p113)

坊主狸という妖怪を描かせて頂きました。茶目っ気のあるいたずら妖怪が好きなのでユニークめのテイストで。それにしても化かして坊主にするとか、日本の妖怪は面白くて好きです。

vitalline
http://vitalline.jp/

蟹丹 (かにたん)
●龍造寺の化け猫 (p118)

とても「気持ちよくなれる」お薬を飲まされているイメージです(笑)。気持ちよすぎて、思わず昇天してしまうのかもしれませんね。

Pixivページ
http://www.pixiv.net/member.php?id=201008

この『萌える！妖怪事典 伝承編』をつくったスタッフをご紹介します！

萌える！妖怪事典 伝承編 staff

著者	TEAS事務所
監修	寺田とものり
テキスト	岩田和義（TEAS事務所）
	林マッカーサーズ（TEAS事務所）
	たけしな竜美
	鷹海和秀
協力	當山寛人
	岩下宜史
本文デザイン	神田美智子
カバーデザイン	筑城理江子

コバヤシテツヤ
●ヒダル神(p121)

激しい空腹感を覚えさせるというヒダル神を描かせていただきました
ヒダル神に取り憑かれればダイエットが捗るのでは…
と思ったけど空腹になるのと痩せるのはまったくの別の話なのだ

ジャブロー2丁目
http://www17.plala.or.jp/jabro2/

冬和こたつ（ふゆわこたつ）
●石距(p123)

「石距」のイラストを担当した冬和こたつです。キャラと蛸とで触手ばっかりのイラストとなってしまいました…。だがそれがいい？

Pixiv ページ
http://www.pixiv.net/member.php?id=220225

荻野アつき（おぎの）
●ケンムン(p125)

再登場させて頂きました、荻野アつきです！
恥ずかしながら初めて知った妖怪さんだったので自身も非常に楽しみながら描きました。
季節は冬になっていると思います、どうぞケンムンの灯火で温まっていってください！

アつき熱帯夜
http://oginoatsuki.moo.jp/

池咲ミサ（いけさき）
●アカマター(p129)

今回アカマターのイラストを担当させて頂きました池咲ミサです。
元が男性化する妖怪なので色々悩みましたが中性的なボディラインと妖しい可愛さを顔し出しつつ
それに相反するように蛇柄は毒々しくえげつない感じに手を加えてみました。蛇はいいものですね。

Pixiv ページ
http://www.pixiv.net/member.php?id=7928116

皐月メイ（さつき）
●イラストカット

初めまして皐月メイと申します。今回描かせていただいた妖怪の中で一番衝撃的だったのが「蛤女房」です。昔の人も色んな意味でレベルの高い妖怪を生み出しているなと思いました。あと、蛤女房の作ってくれたみそ汁は絶品らしいですが…これは自分も是非とも味わってみたいですね。…他意はないですよ？

Pixiv ページ
http://www.pixiv.net/member.php?id=381843

人外モドキ（じんがい）
●イラストカット

どうも人外モドキです。
今回はデフォルメのカラー・モノクロカットを数点担当させて頂きました！
普段描かない感じのも描いてるので気に入って頂けたら幸いです！

SECREDER
http://www.geocities.jp/secreder/

深山田(みやまだ)
● キムナイヌ(p21)

誉(ほまれ)
● 蝦蟇(p26)

FOOL'S ART GALLERY
http://fool.ran-maru.net/

60枚(ろくじゅうまい)
● 灰坊主(p29)

SYOUDERI
http://syouderi.web.fc2.com/

みんつ
● 茂林寺の釜(p43)

choco-mint
http://violetmin2.wix.com/choco-mint

---

ryuno(りゅーの)
● イジャロコロガシ(p69)

● イジャロコロガシ(p69)
http://www.pixiv.net/member.php?id=107235

……座敷童子ちゃん、あのね、この本を作ったのは「TEAS 事務所」っていう人間たちで、本や雑誌の「へんしゅう」と「しゅっぱん」がお仕事なんだって。

「ホームページ」や「ツイッター」というものもあるそうですよ。
http://www.studio-teas.co.jp/
https://twitter.com/studioTEAS
もしかすると、ここにいけばまたヤクモ先生たちに会えるかもしれませんね。
お屋敷のパソコン、こっそり使わせてもらいましょうか?

ももしき
●鈴鹿御前(p75)

Madness
http://dirtygirlie.web.fc2.com/

けいじえい
●見越し入道(p81)

Pixivページ
http://www.pixiv.net/member.php?id=5021528

煮たか
●竈の精(p127)

トーストの魔術師
http://fjkttttttttttttttttt.blog133.fc2.com/

フジヤマタカシ
●イラストカット

Pixivページ
http://www.pixiv.net/member.php?id=142307

この本を作るにあたって、遠野から妖怪文化を発信している「遠野市立博物館」様に、取材や画像素材のご提供などで多大なご協力をいただきマシタ。
この場を借りてお礼させていただきますデス！

殺生石の画像をご提供くださった「那須町観光協会」様、ガンの画像をご提供くださった「宮古島市総合博物館」様、兵六餅のパッケージ画像をご提供いただいた「セイカ食品」様にもお礼を言わないといけないわね〜。

ああ、そうだな。学問の世界は人々の善意と熱意に支えられている。
きちんとお礼をして締めくくるとしよう。
そら、諸君らも全員整列！　背筋を伸ばしたまえ、せーのっ！

ご協力ありがとうございましたー!!

主要参考資料

●書籍

『アイヌ民譚集 付 えぞおばけ列伝』知里真志保 編訳 (岩波文庫)
『安倍晴明伝説』諏訪春雄 著 (ちくま新書)
『異界を覗く』小松和彦 著 (洋泉社)
『異人論序説』赤坂憲雄 著 (砂子屋書房)
『異人論 民俗社会の心性』小松和彦 著 (青土社)
『異端の民俗学 差別と境界をめぐって』礫川全次 (河出書房新社)
『犬のフォークロア 神話・伝説・昔話の犬』大木卓 (誠文堂新光社)
『稲生モノノケ大全 陰之巻』東雅夫 編 (毎日新聞社)
『稲生物怪絵巻 江戸妖怪図譜』谷川健一 編 (小学館)
『いまに語りつぐ日本民話集5 動物の押しかけ女房』野村純一、松谷みよ子 監修(作品社)
『岩波仏教辞典』中村元、福永光司、田村芳朗、今野達 編 (岩波書店)
『岩波重太郎』(講談社名作文庫)
『ヴィジュアル版 謎シリーズ 日本の妖怪の謎と不思議』(学研)
『絵で見て不思議! 鬼とものの怪の文化史』岡田良彦 著 (遊子館)
『江戸怪談集 上下』高田衛 編・校注 (岩波文庫)
『江戸時代 人づくり風土記46 鹿児島』(農山漁村文化協会)
『江戸の妖怪革命』香川雅信 著 (河出書房新社)
『江戸文学俗信辞典』石川一郎 著 (東京堂出版)
『江戸武蔵野妖怪図鑑』山口敏太郎 著 (けやき出版)
『黄金と百足 鉱山民俗学への道』若尾五雄 著 (人文書院)
『大石兵六夢物語』のすべて』伊年田穣久 著 (小学館)
『大石兵六夢物語 付 兵法釈子問』毛利正直 著、西郷藤次 現代語訳 (ぺりかん社)
『オオカミと人間』バリー・ホルスタン・ロペス 著 中村妙子、岩原明子 訳 (草思社)
『岡山の怪談』佐藤米司 著 (日本文教出版)
『沖縄の伝説100のナゾ』比嘉朝進 著 (球陽出版)
『大人が楽しめる地図帳 津々浦々「お化け」生息マップ』宮本幸枝・村上健司 監修 (技術評論社)
『鬼がつくった国・日本 歴史を動かしてきた「闇」の力とは』小松和彦、内藤正敏 著 (光文社)
『鬼伝説の研究―金工史の視点から―』若尾五雄 (大和書房)
『鬼と修験のフォークロア』内藤正敏 (法政大学出版局)
『鬼の系譜わが愛しの鬼たち』中村光行 著 (五月書房)
『鬼の研究』馬場あき子 著 (ちくま文庫)
『おばけを探検する』小松和彦(青土祠の世界)平川祐弘 編 (筑摩書房)
『オリエンタルな夢 小泉八雲と霊の世界』平川祐弘 著 (筑摩書房)
『怪異の民俗学 1～8』小松和彦 責任編集 (河出書房新社)
『怪談・奇談』小泉八雲 著 第3巻 (講談社学術文庫)
『怪談の世界』池田弥三郎 著 (時事通信社)
『改訂綜合日本民俗語彙』柳田國男 監修 民俗学研究所 編 (平凡社)
『改訂綜合日本民俗語彙 第三巻 ツ・ヘ』民俗学研究所 著 (平凡社)
『川崎市民ミュージアム 妖怪展・甦える百鬼夜行・目録』
『境界の発生』赤坂憲雄 著 (講談社学術文庫)
『京都妖怪紀行 地図でめぐる不思議・伝説地案内』村上健司 著 (角川書店)
『近世奇談全集』田山花袋、柳田国男 編・校訂 (博文館)
『暮しの中の妖怪たち』岩井宏實 著 (河出書房新社)
『群馬県の民話 分福茶がまほか』日本児童文学者協会 編 (偕成社)
『現代民話考11 河童・天狗・神かくし』松谷みよ子 著 (ちくま文庫)
『現代民話考10 狼・山犬・猫』松谷みよ子 著 (筑摩書房)
『庚申信仰の底民宗教の世界』窪徳忠 著 (人文書院)
『広説 仏教語大辞典 中巻』中村元 著 (東京書籍)
『古今著聞集』阿刀田高 著 (講談社)
『古今著聞集(上) 新潮日本古典集成(第五九回)』橘成季 編・西尾光一、小林保治 著 (新潮社)
『埼玉県民俗集成 分類と解説 下・信仰編』葦原一三 編著 (北辰図書出版)
『自然と文化 1984年秋季号』(日本ナショナルトラスト)
『柴田宵曲文集 第六巻』(小沢書店)
『ジャックと豆の木』楠山正雄 (パンローリング)
『酒呑童子の誕生 もうひとつの日本文化』高橋昌明 著 (中公新書)
『シリーズ日本の世間話4 土佐の世間話 寺師遠野霊異聞』常光徹 著 (青弓社)
『シリーズ民間日本学者1 小泉八雲《小さな日本学》国男八ヤ』(リブロポート)
『神饌 神様の食事から "食の原点"を見つめる』南里空海 著 (世界文化社)
『新版 遠野物語 付・遠野物語拾遺』柳田國男 著 (角川ソフィア文庫)
『人物叢書 坂上田村麻呂』日本歴史学会 編 (吉川弘文館)
『新編 日本武将列伝1 源平盛衰編』桑田忠親 著 (秋田書店)
『神話伝説辞典』朝倉治彦、井之口章次、岡野弘彦、松前健 編 (東京堂出版)
『随筆辞典4 奇談異聞編』柴田宵曲 編 (東京堂)
『図説安倍晴明と陰陽道』山下克明 監修、大塚活美、馬場真也、大和秀夫 編 (河出書房新社)
『図説 あらすじで読む日本の妖怪伝』志村有弘 監修 (青春出版社)
『図説江戸東京怪異百物語』湯本豪一 著 (河出書房新社)
『図説日本人の源流を探る 風土記』坂本勝 監修 (青春出版社)
『図説百鬼夜行絵巻をよむ』田中貴子、澁澤龍彦、小松和彦、花田清輝 著 (河出書房新社)
『世界の妖精・妖怪事典』キャロル・ローズ 著 松村一男 監訳 (原書房)
『全国妖怪事典』千葉幹夫 編 (小学館)
『綜合日本民俗語彙 第一巻』民俗学研究所 編 (平凡社)
『総合佛教大辞典』(法蔵館)
『叢書 江戸文庫13 十返舎一九集』高田衛・原道生 責任編集・榻橋正博 校訂 (国書刊行会)
『増補 日本架空伝承人名事典』大隅和雄、尾崎秀樹、西郷信綱、阪下圭八、服部幸雄、廣末保、山本吉左右 編 (平凡社)
『超人役行者小角』志村有弘 著 (角川書店)
『天狗考 上』知切光歳 著 (清書房)
『天狗の研究』知切光歳 著 (原書房)
『伝説と奇談 第5集 四国・山陽編』山田実 著 (山田書店)
『伝説の将軍 藤原秀郷』野口実 著 (吉川弘文館)
『天皇と御陵を知る事典』藤井利章 著 (日本文芸社)
『動物魔伝』芦田正次郎 著 (北宗堂)
『動物妖怪譚』日野巌 著 (有明書房)
『東北の田村語り』加門幹男 著 (三弥井書店)
『遠野のザシキワラシとオシラサマ』佐々木喜善 著 (中公文庫 BIBLIO)
『「遠野物語」を歩く 民話の舞台と背景』菊池照雄 著、富田文雄 写真 (講談社)
『鳥山石燕 画図百鬼夜行』高田衛 監修・稲田篤信、田中直日 編 (国書刊行会)
『鳥山石燕 画図百鬼夜行全画集』鳥山石燕 著 (角川ソフィア文庫)
『南島文化叢書18 沖縄の魔除けとまじない フーフダ(符札)の研究』山里純一 著 (第一書房)
『日本妖怪絵巻』湯本豪一 編 (角川書店)
『日本の妖怪大百科』小松和彦、鎌田東二、南伸坊 著 (河出書房新社)
『日本怪異妖怪大事典』小松和彦 監修 (東京堂出版)
『日本怪奇幻想紀行 七』(角川書店)
『日本怪談集 妖怪編 上下』今野圓輔 著 (中公文庫 BIBLIO)
『日本幻獣図説』湯本豪一 著 (河出書房新社)
『日本史こぼれ話 古代・中世編』笠原一男、児玉幸多 編 (山川出版社)
『日本神話伝説伝承地紀行』吉元昭治 著 (勉誠出版)
『日本俗信辞典 動・植物編』鈴木棠三 著 (角川書店)
『日本伝奇伝説大事典』乾克己、小池正胤、高橋貢 編 (角川書店)
『日本伝説叢書 播磨の巻』藤澤衛彦 編著 (すばる書房)
『日本伝説名彙』柳田國男 監修・日本放送協会 編 (日本放送協会)
『日本の怪異な○キッと全国怪談めぐり 西日本編 佐賀の化け猫』木暮正大 著 (勉誠出版)
『ニホンミステリアス妖怪・怪奇・妖人事典』志村有弘 (勉誠出版)
『日本昔話体系 一・三・七巻』(同朋舎)
『日本昔話事典』稲田浩二、川端豊彦、三原幸久、大島建彦、福田晃 著 (弘文堂)
『日本昔話大成』稲田浩二、小澤俊夫 稲田浩二 編 (同朋舎)
『日本昔話通観 第26 沖縄』稲田浩二、小澤俊夫 責任編集 (同朋舎)
『日本妖怪異聞録』小松和彦 著 (小学館)
『日本妖怪大事典』村上健司 編著・水木しげる 絵 (角川書店)
『日本妖怪変化史』江馬務 著 (中公文庫 BIBLIO)
『猫のぞろ目本列島』中田謹介 著 (第一書房)
『姫路城にまつわる伝説』坪田仁、藤野勝利、森田貞子 (坪田仁)
『百物語怪談集成』高田衛、原道生 責任編集・太刀川清 校訂 (国書刊行会)
『百鬼解読』多田克己 著 (講談社文庫)
『平田篤胤と榊直 民俗学の源流』桜根香月 著 (桜横書房)
『不思議の旅ガイド』多田克己、村上健司 著 (同朋舎)
『ふるさとの伝説二 英雄・豪傑』伊藤清司 監修・遠藤圧治 責任編集 (ぎょうせい)
『ふるさとの伝説四 鬼・妖怪』伊藤清司 監修・宮田登 責任編集 (ぎょうせい)
『ふるさとの伝説七 寺社・祈願』伊藤清司 監修・宮田登 責任編集 (ぎょうせい)
『平安京のゴーストバスター 陰陽師 安倍晴明』 (角川書店)
『別冊日本の読本事典シリーズ 日本歴史《伝記》総覧』 (新人物往来社)
『別冊日本紀事人物シリーズ18 日本不思議図全怪人物読本』 (新人物往来社)
『魔界京都 安倍晴明と平安京奇譚』川渕洋之 著・東材司 写真 (光村推古書院)
『ミネルヴァ日本評伝選 遊源満仲・頼光 殺生放逸 朝家の守護』元木泰雄 著 (ミネルヴァ書房)
『宮田登日本を語る13 妖怪と伝説』宮田登 著 (吉川弘文館)
『民間信仰辞典』桜井徳太郎 編 (東京堂出版)
『民俗伝承 通巻120、121、145号』 (日本民俗学会)
『ものしりシリーズ江戸諸国百物語 西日本編』 (人文社)
『ものしりシリーズ江戸諸国百物語 陰陽師編』 (人文社)
『ものと人間の文化史 蛇蝮』斉藤俊一郎 (法政大学出版局)
『ものと人間の文化史 狼』有田嶺 (法政大学出版局)
『もののけ悪霊祓い師』志村有弘 編 (勉誠出版)
『柳の御所の変貌』滑川道夫 著 (東京書籍)
『柳田國男全集 4～5』柳田國男 著 (筑摩書房)
『妖怪ウォーカー』村上健司 著 (角川書店)
『妖怪お化け雑学事典』千葉幹夫 著 (講談社)
『妖怪学新考 妖怪からみる日本人の心』小松和彦 著 (小学館ライブラリー)
『妖怪学入門』阿部主計 著 (雄山閣)
『妖怪事典』村上健司 編 (毎日新聞社)
『妖怪画談』水木しげる、多田克己 著 (国書刊行会)
『妖怪談義』柳田國男 著 (講談社学術文庫)
『妖怪の理 妖怪の懐 京極夏彦全集』京極夏彦 著 (角川書店)
『妖星曽肖像 甦生新たな日本の妖怪たち』倉本四郎 著 (平凡社)
『妖怪の本 異界の闇に蠢く百鬼夜行の伝説』(学研)
『妖怪の民俗学 日本の見えない空間』宮田登 著 (とくま学芸文庫)
『妖怪ウオッチ99問』小松和彦 著 (せりか書房)
『妖怪学大全』井村君江 著 (原書房)
『妖魔三才図会 2巻』島田勇雄、竹島淳夫、樋口元巳 訳注 (平凡社)

平成27年度夏季 遠野市立博物館特別展『遠野物語と妖怪』目録 (遠野市立博物館)
『特別展』あの世・妖怪・陰陽師 異界万華鏡・高知編 展示解説集 (高知県立歴史民俗資料館)

怪異・妖怪伝承データベース (国際日本文化研究センター)
http://www.nichibun.ac.jp/youkaidb/

『霊異記の殺牛祭神系説話』著:黒沢幸三
http://narastagclub.jp/archive/27_ryouiki_maturi.pdf

■資料協力
遠野市立博物館
宮古島市総合博物館
那須町芦野観光協会
セイカ食品

205

■索引

項目名	分類	ページ数
青入道	妖怪	187
赤エイの魚	妖怪	134
アカマター	妖怪	128
悪路王	妖怪	74,173
足洗邸	妖怪	50,159
芦屋道満	人物	87
安宅丸	妖怪	52
『吾妻鏡』	文献・書籍・物語	48
安倍晴明	人物	85,86,87,165
天目一箇神	神・超常存在	76
あやかし	妖怪	54,171
安珍	人物	92
『安珍・清姫伝説』	文献・書籍・物語	92
イクチ	妖怪	54
生駒山地	地域・場所・建物	174
イジャロコロガシ	妖怪	68
飯綱	妖怪	70,72
一条戻橋	地域・場所・建物	157,164,165
一目連	妖怪	76
飯縄大権現	神・超常存在	72
一本だたら	妖怪	96
隠神刑部狸	妖怪	104
井上円了	人物	62
『稲生物怪録』	文献・書籍・物語	104,186,187
稲生平太郎(稲生武太夫)	妖怪ハンター	104,186,187
猪笹王	妖怪	96
茨木童子	妖怪	164,165,188
イペカリオヤシ	妖怪	132
岩見重太郎	妖怪ハンター	182,183
牛御前	妖怪	48
宇治の橋姫	妖怪	138
碓井貞光	妖怪ハンター	164
ウブ	妖怪	44
産女	妖怪	44
温羅	妖怪	168,169
卜部季武	妖怪ハンター	164
『絵本百物語』	文献・書籍・物語	82,87,134
圓仁	妖怪ハンター	181
役小角	妖怪ハンター	174,175
王子稲荷	地域・場所・建物	70,159
大石兵六	妖怪ハンター	188,189
『大石兵六夢物語』	文献・書籍・物語	188,189
大江山	地域・場所・建物	162,163,164
大蟹	妖怪	34
大嶽丸	妖怪	74,172,173
大峰山	地域・場所・建物	70
大百足	妖怪	166,167
大物忌神	神・超常存在	181
刑部大神	地域・場所・建物	184,185
小刑部姫	妖怪	184,185
オサキ狐	妖怪	72
おさん狐	妖怪	138
オシラサマ	神・超常存在	149
御斎峠	地域・場所・建物	120
鬼ヶ島	地域・場所・建物	168,169
鬼熊	妖怪	136
伯母峰	地域・場所・建物	96
オボ	妖怪	44
快念	人物	46
餓鬼	妖怪	32,120

項目名	分類	ページ数
ガゴゼ	妖怪	170,171
傘さし狸	妖怪	140
累	妖怪	192,193
上総広常	人物	179
片輪車	妖怪	98
『甲子夜話』	文献・書籍・物語	42,76,122
カッパ淵	地域・場所・建物	145,147
加藤清正	妖怪ハンター	190,191
『蟹山伏』	文献・書籍・物語	34
金玉	妖怪	135
狩野元信	人物	90
蝦蟇	妖怪	24,25
川熊	妖怪	36
『函関外史』	文献・書籍・物語	56
鑼子転げ(鑼子転がし)	妖怪	68
竈の精	妖怪	126
『義経記』	文献・書籍・物語	90
『義残後覚』	文献・書籍・物語	122
鬼女紅葉	妖怪	34,66
『北向山霊験記・戸隠山鬼紅葉退治之伝』	文献・書籍・物語	66
鬼童丸	妖怪	94
馬魔	妖怪	137
吉備津彦	妖怪ハンター	169
キムナイヌ	妖怪	20
清姫	妖怪	92
金峰山	地域・場所・建物	70
葛ノ葉狐	妖怪	86,87
九千坊河童	妖怪	190,191
管狐	妖怪	70,72,139
倉ぼっこ	妖怪	133
鞍馬天狗	妖怪	90,157
玄翁和尚	妖怪ハンター	178,179
ケンムン	妖怪	124
弘法大師(空海)	妖怪ハンター	175,180,181
後鬼	妖怪	174,175
『古事記』	文献・書籍・物語	17,138,167,169,177
牛頭	妖怪	32
後藤小源太	人物	104
『今昔画図続百鬼』	文献・書籍・物語	56,78,98
『今昔百鬼拾遺』	文献・書籍・物語	54
『今昔物語集』	文献・書籍・物語	32,92,183
佐賀怪猫伝	文献・書籍・物語	116
坂田公時	妖怪ハンター	164
坂上田村麻呂	妖怪ハンター	74,172,173
鮭の大助	妖怪	38
鮭の小助	妖怪	38
佐々木喜善	人物	152,154
覚	妖怪	78
三吉鬼	妖怪	22
『三国相伝陰陽管轄ホキ内伝金烏玉兎集』	文献・書籍・物語	86
山ン本五郎左衛門	妖怪	186,187
七尋女房	妖怪	110
しっぺい太郎	妖怪ハンター	183
しゅけん	妖怪ハンター	183
酒呑童子	妖怪	30,94,162,163,164
『酒呑童子絵巻』	文献・書籍・物語	163
朱の盤	妖怪	64
猩々	妖怪	134
『諸国里人談』	文献・書籍・物語	98
神社姫	妖怪	140
『新著聞集』	文献・書籍・物語	52
『新編武蔵風土記稿』	文献・書籍・物語	48

項目	分類	ページ
鈴鹿御前	妖怪	74,172,173
瀬田の唐橋	地域・場所・建物	166
前鬼	妖怪	174,175
『前太平記』	文献・書籍・物語	94
千足狼	妖怪	82,84,133
袖引小僧	妖怪	135
『太平記』	文献・書籍・物語	32,164
平清盛	人物	176
平維茂	妖怪ハンター	66
平将門	妖怪	166
第六天魔王	神・超常存在	66,74
タテクリカエシ	妖怪	68
『玉箒木』	文献・書籍・物語	25
玉藻前	妖怪	178,179
『田村三代記』	文献・書籍・物語	74,172,173
多聞天	神・超常存在	90
俵藤太（藤原秀郷）	妖怪ハンター	56,166,167
丹誠上人	妖怪ハンター	96
『小県郡民譚集』	文献・書籍・物語	84
千布本右衛門	妖怪ハンター	117
鳥海山	地域・場所・建物	180,181
提灯小僧	妖怪	133
付喪神	妖怪	16,52,68,114
土蜘蛛	妖怪	30,94,136,156
土蜘蛛塚	地域・場所・建物	156
つらら女	妖怪	132
手長足長	妖怪	180,181
石距	妖怪	122
デンデラ野	地域・場所・建物	150
道可	人物	46
『東海道名所図会』	文献・書籍・物語	76
道場法師	妖怪ハンター	170,171
トウビョウ	妖怪	139
豆腐小僧	妖怪	58,158
『遠野物語』	文献・書籍・物語	142,143,144,147,148,149,150,151,152,153,154,155,171,193
『遠野物語拾遺』	文献・書籍・物語	143,147,151,153
『土佐化物絵本』	文献・書籍・物語	108
百々目鬼	妖怪	56
鳥山石燕	人物	17,54,56,78,98,102,171
誉女	妖怪	139
『日本書紀』	文献・書籍・物語	12,17,138,169
『日本霊異記』（日本現報善悪霊異記）	文献・書籍・物語	87,170,171
鵺	妖怪	176,177
祢々子	妖怪	135
野槌	妖怪	138
灰坊主	妖怪	28
獏	妖怪	134
白蔵主	妖怪	157
化け蟹	妖怪	34
バタバタ	妖怪	139
果無山脈	地域・場所・建物	96
蛤女房	妖怪	137
早太郎	妖怪ハンター	183
バレロンの化け物	妖怪	137
磐梯山	地域・場所・建物	180
番町皿屋敷	地域・場所・建物	158
比叡山	地域・場所・建物	25,34,60
飛騨の高丸	妖怪	172
ヒダル神	妖怪	32,120
一つ目小僧	妖怪	58,60,114,194
狒々	妖怪	182
姫路城	地域・場所・建物	184,185
『分福茶釜』	文献・書籍・物語	42
『平家物語』	文献・書籍・物語	176,177
坊主狐	妖怪	112
坊主狸	妖怪	112
『抱朴子』	文献・書籍・物語	24
本所七不思議	文献・書籍・物語	50,159
『本朝食鑑』	文献・書籍・物語	84
迷い家（マヨヒガ）	地域・場所・建物	145,151
三浦義明	人物	179
三上山	地域・場所・建物	166,167
見越し入道	妖怪	80
水木しげる	人物	135
源経基	人物	66
源義家	人物	177
源義経	人物	85,90
源頼政	妖怪ハンター	176,177
源頼光	妖怪ハンター	48,94,156,157,162,163,164,165,176,177
蓑虫	妖怪	62
宮本武蔵	妖怪ハンター	184,185
蒙古高句麗	妖怪	28
村上健司	人物	10,34,44,120
馬頭	妖怪	32
『紅葉狩』	文献・書籍・物語	66
桃太郎	妖怪ハンター	168,169
茂林寺の釜	妖怪	42,140
弥三郎婆	妖怪	82,133
八東腥	妖怪	136
夜道怪	妖怪	46
柳田國男	人物	28,46,143,152,154,155,171,193
山犬	妖怪	82,84
山オラビ	妖怪	102
山女	妖怪	145,150,153
山女の滝	地域・場所・建物	145
饕	妖怪	78
山彦	妖怪	102
九天上人	妖怪ハンター	192,193
養法寺狢	妖怪	112
吉野の悪狐	妖怪	188,189
『四谷怪談』	文献・書籍・物語	158
雷獣	妖怪	140
ラクシャーサ	神・超常存在	30,32
羅刹鬼	妖怪	30,32
羅刹天	神・超常存在	32
龍造寺の化け猫	妖怪	116,117
両面宿儺	妖怪	136
『和漢三才図会』	文献・書籍・物語	78,102,122
渡辺綱	妖怪ハンター	138,157,164,165
輪入道	妖怪	98
笑い女	妖怪	108

萌える！妖怪事典 伝承編

2015 年 11 月 30 日 初版発行

著者	TEAS 事務所
発行人	松下大介
発行所	株式会社 ホビージャパン
	〒151-0053　東京都渋谷区代々木 2-15-8
電話	03（5304）7602（編集）
	03（5304）9112（営業）

印刷所　株式会社廣済堂

乱丁・落丁（本のページの順序の間違いや抜け落ち）は購入された店舗名を明記して当社パブリッシングサービス課までお送りください。
送料は当社負担でお取り替えいたします。
但し、古書店で購入したものについてはお取り替えできません。

禁無断転載・複製

©TEAS Jimusho 2015
Printed in Japan
ISBN978-4-7986-1128-0 C0076